Fabrice Colin

L'Anti-guide de la 6e

illustré par Marine Blandin

playBac

SOMMAIRE

Maître Li

Le Monstre de la cave

AVANT-PROPOS DE L'AUTEUR

Tu vas bientôt entrer en 6e (ou tu viens d'y entrer).
Tu es:
- super excité?
- inquiet à l'idée de tous les changements qui t'attendent?
- carrément paniqué?
- tout ça à la fois?

CET ANTI-GUIDE EST LÀ POUR T'AIDER À FRANCHIR CETTE ÉTAPE IMPORTANTE.

TU Y TROUVERAS: une tonne d'informations utiles sur les lieux, les cours, les profs, les parents, les copains et la vie d'un collégien, pas mal de conseils pour comprendre, t'organiser et t'adapter à la vie merveilleuse qui t'attend ces quatre prochaines années, des plans et des schémas explicatifs, des tests plus ou moins stupides et tout un tas d'autres trucs qui font du bien au moral. Certains conseils te seront prodigués par Maître Li – un «sage» un peu pénible mais très gentil. D'autres te seront dispensés par le Monstre de la cave. Qui, euh, est un monstre. Qui vit dans une cave. (Mais ne t'inquiète pas. Nous contrôlons la situation.)

TU N'Y TROUVERAS PAS: des chapitres interminables, des règles de bonne conduite, des témoignages de Lucas-10 ans-l'élève-parfait-qui-n'existe-pas ou des recettes de gaufre au miel de Provence.

POURQUOI UN « ANTI-GUIDE » ?

Un guide, nous apprend le dictionnaire, est un « ouvrage qui présente des renseignements classés sur un sujet donné ».

Il contient plein d'instructions à appliquer sans discuter. Nous, on se dit que, vu que tu entres en 6e, tu es assez grand pour réfléchir par toi-même : on va donc plutôt te donner des conseils.

Et comme on a décidé qu'on allait *aussi* essayer de faire quelque chose de sympa et de pas trop ennuyeux, on a décidé de mettre « anti » devant « guide ».

On est des fous, hein ?

INTRODUCTION

L'ANGOISSE DU PREMIER JOUR

Le jour de la rentrée en 6e est parfois un peu angoissant. La veille, tu ne tiens pas en place. Tu as du mal à dormir.

Le lendemain matin, tu sautes du lit le cœur battant – ou pas. C'est le jour J. Dans ton sac, tu emportes surtout de quoi écrire. Tes parents t'accompagnent. Rassure-toi : ils ne vont pas rester toute la journée.

La rentrée des 6e se passe avant celle des autres classes (la veille, normalement).

Dans la cour, on fait l'appel classe par classe : c'est là que tu vas voir si tu es avec tes copains ou non. Enfin, tu découvres ton professeur principal (voir p. 38).

Direction une salle de classe. Le prof principal te présente tes matières, ton emploi du temps. On te donne tes livres pour l'année.

Il n'est pas rare qu'une visite du collège soit organisée. La cantine, le gymnase, la cour de récré… Tu es un peu perdu, tu trouves ça immense *et* super.

Au fil de la journée, tu commences un peu à entrevoir à quoi vont ressembler les quatre années à venir. C'est impressionnant, bien sûr. Mais, quelque part, tu es déjà rassuré. Et *L'Anti-guide* est là pour te rassurer encore plus.

Bienvenue au collège !

CHAPITRE 1

LES LIEUX

1

C'EST GRAND !

Un collège, ça peut être grand. Certains établissements comptent plus de 1 200 élèves et plus de 40 classes, de la 6e à la 3e !
Même si le tien n'est pas aussi monstrueusement gigantesque, il est normal que tu sois impressionné.

Avec un peu de chance, tu as déjà eu l'occasion de visiter ton établissement lors de ton année de CM2. Sinon, pas de panique. Grands ou petits, anciens ou modernes, compacts ou dispersés, tous les collèges s'organisent de la même façon. Il y a les salles dédiées à l'apprentissage… et tout le reste.

Au minimum, chaque établissement comporte : des salles de classe, un CDI, une salle des profs, une cantine, une infirmerie, des WC, un gymnase, une cour de récréation et un certain nombre de bureaux réservés au principal et à son équipe.

UNE DES GROSSES DIFFÉRENCES AVEC L'ÉCOLE PRIMAIRE, C'EST QUE TU VAS CHANGER DE SALLE À CHAQUE COURS. Et si ta classe a une salle bien à elle (ce qui n'est pas garanti), tu devras quand même la quitter pour certains cours. Les chapitres qui suivent sont là pour t'aider à identifier correctement ces salles un peu spéciales et à bien t'orienter dans ton établissement.

① Salle de classe
② CDI
③ Salle des profs
④ Cantine
⑤ Infirmerie
⑥ WC
⑦ Gymnase
⑧ Cour de récréation
⑨ Bureau du principal

2

COMMENT T'Y RETROUVER ?

Au collège, comme dans tout établissement, tu es censé passer la majeure partie de ton temps dans des salles de classe. Mais pas seulement.

Tu vas aussi faire du sport, manger, te détendre, parler à ton CPE (voir p.59), à ton principal, etc. C'est ainsi que, dès les premiers jours, tu vas repérer le gymnase, la cantine, la cour de récréation, la salle des profs, le bureau de la vie scolaire, le bureau du principal et de son adjoint et la salle de permanence (où tu iras quand tu n'auras pas cours). Pendant les quatre années que tu vas passer ici, ces endroits constitueront pour toi des repères essentiels.

COMMENÇONS PAR LES LIEUX D'APPRENTISSAGE. LES SALLES DE CLASSE « CLASSIQUES » ressemblent à celles que tu connaissais à l'école primaire: un bureau pour le professeur, un tableau, des tables pour les élèves. Tu y suivras tes cours de français, de maths, de langues et d'histoire-géo.

Les salles « classiques » sont équipées d'un matériel qui est le même, par matière, pour tous les cours de la 6ᵉ à la 3ᵉ. Par exemple: carte de géographie, projecteur, tableau numérique interactif, dictionnaires, etc. Toi, évidemment, tu devras penser à apporter tes propres affaires.

LES AUTRES COURS SONT DONNÉS DANS DES SALLES SPÉCIALES, qui nécessitent un matériel particulier. Voici les salles en question.

(Attention, quelques intrus se sont glissés dans notre énumération. Sauras-tu les retrouver ?)

SALLE DE MUSIQUE

SALLE DE SVT

SALE GOSSE

SALLE DE TECHNOLOGIE

SALLE DE BAINS

SALLE D'ARTS PLASTIQUES

CDI

GYMNASE

CAVE

Comme tu l'auras remarqué, le nom des salles correspond aux matières qui y sont enseignées.

ICI, IL FAUT QU'ON TE PARLE DE LA SALLE DE PERMANENCE, APPELÉE « SALLE DE PERM' ». C'est une salle d'études avec des tables et des chaises, pas de profs mais des surveillants, et c'est là que tu iras quand tu n'auras pas cours, pour t'avancer dans tes devoirs, pour lire… ou pour faire n'importe quoi d'autre, tant que c'est autorisé (par le surveillant) et que tu ne te fais pas remarquer.

Tes professeurs et le personnel du collège t'indiqueront très vite où se trouvent tous ces endroits. Souvent, ils sont désignés par des codes avec des lettres et des chiffres correspondant aux bâtiments et aux étages. Par exemple, la salle B203 peut se trouver dans le bâtiment B, au 2e étage, et être la troisième salle du couloir.

Mais il existe aussi des astuces permettant de les repérer facilement. Comme on est sympa, on t'en fournit quelques-unes.

SI TU LONGES UNE SALLE ET QUE TU ENTENDS DES ÉLÈVES QUI CHANTENT TOUS FAUX, et pas en même temps – si, surtout, tu entends un professeur hurler «Par pitié, arrêtez ce massacre!»: c'est la salle de musique.

SI TU ENTRES DANS UNE SALLE SILENCIEUSE où il n'y a personne – seulement une dame un peu triste qui sourit soudain en te voyant entrer, saisit tes mains et les presse fort en murmurant: «Bienvenue, bienvenue, dis-moi, que cherches-tu? Un roman? Nous avons un tas de romans merveilleux. Et même des BD. Des mangas. Des revues. Je t'en supplie, reste…»: tu es au CDI.

Les conseils de Maître Li

SI TU DÉCOUVRES UNE SALLE QUI RESSEMBLE À UN DÉCOR DE FILM D'ÉPOUVANTE, avec des carreaux blancs, des yeux à découper, des cœurs sanguinolents à disséquer et des élèves qui gémissent « berk, trop dégueu… » : bienvenue en salle de SVT.

Bon, tout ça peut paraître un peu intimidant au début mais au bout de quelques jours, tu t'y retrouveras parfaitement. Et puis, songe à la tête que feront tes parents quand ils arriveront dans *ton* collège pour leur première réunion avec les professeurs ! Ils seront aussi perdus que toi au premier jour.

3

LE CASSE-TÊTE DES CHANGEMENTS DE SALLE

Quand on demande à de jeunes élèves de 6e quelle nouveauté les a le plus marqués lors de leur entrée au collège, ils répondent presque tous « les changements de salle ».

Il est probable, en effet, que tu doives changer de salle à pratiquement chaque matière (tu changeras aussi de prof). Dans la mesure où tu disposeras rarement de trois heures pour t'y rendre, il va donc falloir te montrer attentif : bien savoir où tu es censé aller après chaque cours, et ne pas passer un temps interminable à rassembler tes affaires.

LA BONNE NOUVELLE, c'est que comme toute ta classe changera de salle aussi, tu peux te contenter de suivre le mouvement.

LA MAUVAISE NOUVELLE, c'est qu'il y a parfois des cours en demi-groupe : cette méthode fonctionnera donc… si tu ne te trompes pas de demi-groupe.

Joue avec Maître Li

Ismaël a 3 min 27 s pour rejoindre sa salle de SVT. Sauras-tu l'aider ?

* voir p. 82.

4

LA COUR

La cour, tu te souviens? Cet endroit où tu jouais l'année dernière, au foot, ou à la tomate, ou à chat ou à filles-attrapent-garçons…
Tout ça va changer.

Jouer, faire du sport, lire, écouter de la musique, rester tranquille, discuter, courir, se reposer: tu auras toujours le choix. Mais toutes les classes se côtoient dans la cour et il est évident que les 3e, par exemple, n'ont pas les mêmes occupations que les 6e. La cohabitation est donc moins évidente qu'au primaire: organiser un match de foot géant avec toutes les classes risque d'être compliqué.

Les récréations au collège sont surtout l'occasion de retrouver ses amis – ceux qui ne sont pas dans la même classe, par exemple –, de discuter, de papoter, de rigoler, de ricaner, toutes ces choses indispensables qu'on n'a pas le droit de faire en cours.

Certaines cours possèdent de chouettes équipements, paniers de basket, tables de ping-pong ou autres. D'autres ressemblent en gros à ça:

Quoi que tu y fasses, sache que la cour est soumise au même règlement que le reste du collège[1]. Il est évidemment interdit de s'y battre, de lancer des insultes, de cracher, de dégrader le matériel, etc.

Il y a aussi des horaires stricts à respecter. À la fin des récréations, dans certains collèges, les élèves doivent attendre leur professeur dans la cour et rester à un endroit précis.

Attention: la cour du collège n'est pas surveillée par des professeurs, mais par... des surveillants (voir p. 60). Normalement, tu devrais les repérer facilement.

1. Le collège est soumis à un règlement intérieur. En principe, il est affiché à un endroit où tout le monde peut le voir.

5

LA CANTINE

Ah, la cantine !
Est-ce qu'on y mange bien ?
Eh bien, comme à l'école primaire, ça dépend. Le truc chouette (enfin, normalement), c'est que tu auras le choix entre plusieurs plats.

La cantine se présente souvent sous la forme d'un self. L'une des nouveautés, c'est que tu as besoin d'une carte pour y accéder, avec ta photo dessus (essaie de ne pas la rater, celle-ci : tu vas la montrer tout l'année). Cette carte, c'est vraiment l'accessoire à ne pas oublier. Une fois que tu l'as présentée, tu prends ton plateau, tes couverts, ton morceau de pain, et en avant !

TU CONSTATERAS D'AUTRES DIFFÉRENCES AVEC LE PRIMAIRE :

- toutes les classes ne mangent pas à la même heure – heureusement ! Tu imagines le troupeau ? – et, souvent, ce sont les 6e qui passent en premier. Cool pour toi ;
- avant de te précipiter sur les frites, tu dois ranger ton sac et tes affaires dans un casier ;
- tu disposes d'une heure pour manger, ou de deux, suivant ton emploi du temps. Si tu en as deux, tu n'es pas prioritaire pour manger. En revanche, tu auras peut-être des activités interclasse (qui se déroulent entre la fin des cours du matin et le début de ceux de l'après-midi) – chorale, théâtre, club-lecture, etc. –, qui te permettront d'oublier que tu as faim.

Bien sûr, la cantine fait aussi partie de ces lieux où l'on retrouve ses amis. Comme une cour de récré, en somme, mais chauffée, avec des places assises et des yaourts. N'oublie pas cependant que le but principal, c'est de te nourrir.

LES MOMENTS +

- Le jour «spécial»: spécial pizza, spécial hamburger, repas de Noël, etc.
- Le jour où tu arrives dans les premiers, et où il ne reste pas que des concombres en entrée.
- Le jour où tu retrouves à une même table tous tes potes, qui ne sont pas dans la même classe que toi.
- Le jour où la dame de la cantine (celle qui sert les plats chauds, et avec qui tu as réussi à faire ami-ami) comprend que tu as TRÈS faim.
- Le jour où ton voisin te donne sa mousse au chocolat.

LES MOMENTS –

- Le jour où tu oublies ta carte et où tous tes copains te passent devant.
- Le jour où tu fais tomber ton plateau et où tous les regards se tournent vers toi.
- Le jour où tu voudrais t'asseoir à côté de tes amis, mais où toutes les places sont déjà prises.
- Le jour où le cuisinier a pensé que ce serait une bonne idée de préparer une sauce blanche et grumeleuse sans aucun goût pour accompagner des brocolis.
- Le jour où il y a une alerte incendie pendant que tu manges tes frites.

6

LES TRANSPORTS JUSQU'AU COLLÈGE

Les collèges, en général, accueillent des élèves qui viennent de différentes écoles primaires. Il est donc possible que le tien soit plus loin que ne l'était ton école d'avant.

Éventuellement, repère le trajet avant le jour J. Peut-être que tu devras te lever plus tôt. En tout cas, tes parents ne vont pas t'accompagner, et personne ne te fera traverser la rue.

Il existe plein de façons de se rendre au collège. En principe, tout dépend de la distance que tu as à parcourir. Tu peux y aller :

À PIED
Le plus simple, le plus sportif, le plus écologique, le plus économique – pas forcément le plus rapide.

À CLOCHE-PIED
Plus compliqué, plus sportif, et encore moins rapide.

EN TROTTINETTE (OU EN SKATE)
Idéal si tu maîtrises déjà bien cet accessoire, que tu es doué en slalom et qu'il y a un endroit où tu peux la laisser (et la retrouver) le soir.

EN BUS OU EN MÉTRO (DANS LES GRANDES VILLES)
Étudie bien le plan avant. Et n'oublie pas ton titre de transport – ticket ou carte d'abonnement.

À VÉLO
Rapide, mais réclame beaucoup de prudence et d'attention. Vérifie aussi que tu peux le garer et l'attacher dans un endroit sûr.

EN VOITURE (SI TON PÈRE OU TA MÈRE TE CONDUIT)
Demande poliment à tes parents de ne pas te déposer juste devant l'entrée du collège en criant « bonne journée mon chouchou d'amour ! »

EN CAR (RAMASSAGE SCOLAIRE)
Parfait pour rigoler avec les copains ou effectuer des révisions de dernière minute – par contre, c'est à heure fixe, ne rate pas l'heure du passage.

EN TAXI À VITRES TEINTÉES (SI TU ES UNE STAR DE CINÉMA INTERNATIONALE)
N'oublie pas le pourboire.

Même si ce n'est pas inscrit dans le règlement, nous te rappelons qu'il est interdit de faire atterrir un hélicoptère ou un vaisseau spatial dans la cour du collège. De même, tu ne trouveras aucun endroit pour attacher ton cheval, ton yack de compétition ou ton ptérodactyle domestique, même s'il est bien élevé.

Les conseils de Maître Li

TEST

Vas-tu survivre à la rentrée ?

Bon. Ce premier petit test va nous permettre de vérifier que tu as bien tout compris.

Tu es seul, et il te reste deux minutes pour trouver la salle de SVT :

Ⓐ Tu demandes de l'aide à quelqu'un.
Ⓑ Tu t'assois discrètement dans un coin et tu sanglotes.
Ⓒ Tu croises les bras : tu n'iras pas à ce cours tant que quelqu'un ne t'y aura pas conduit à dos de dromadaire.

Un élève de ta classe habite à deux pas de chez toi :

Ⓐ Chouette ! Vous allez pouvoir faire le chemin ensemble chaque matin.
Ⓑ Tu essaies de l'éviter à tout prix.
Ⓒ Et alors ?

Dans la cour, tu as le droit de :

Ⓐ Rigoler, discuter et jouer – du moment que tu ne fais rien de mal.
Ⓑ Te taire.
Ⓒ Apporter une baleine morte et organiser un feu d'artifice.

➞ **Tu arrives dans les premiers à la cantine.**
C'est l'occasion de :

Ⓐ Choisir réellement le plat qui te plaît.

Ⓑ T'asseoir en silence.

Ⓒ Recruter des soldats pour la plus grande bataille de purée de l'Histoire.

➞ **La salle de cours de français, c'est celle :**

Ⓐ Qui est indiquée sur ton emploi du temps ou dans ton cahier de textes ou… – enfin bref, tu as dû la repérer dès le début, non ?

Ⓑ Où personne ne se moquera de toi tant que tu arriveras à te faire oublier.

Ⓒ Où tu n'iras jamais.

Tu as une majorité de A : Tu es prêt à entrer au collège. Enfin, tu seras prêt quand tu auras lu tout le reste de cet *Anti-guide*. On n'a quand même pas écrit ce truc pour rien.

Tu as une majorité de B : Euh, ça va, tu es sûr ? Tu sais, le collège c'est comme une école primaire avec plein de matières, en gros. Pas de quoi s'inquiéter.

Tu as une majorité de C : Si tu faisais en vrai tout ce que tu as choisi de faire dans ce test, tu aurais déjà été envoyé en camp de redressement dans un pays lointain plein de moustiques. Alors maintenant, tu te calmes, OK ?

CHAPITRE 2

LES HABITANTS DES LIEUX

1

LES PROFS

Le professeur (mâle ou femelle) est un adulte dont le métier consiste à ~~essayer d~~'enseigner une matière au collégien.

Ce gag a été certifié «gag le plus nul de l'histoire des anti-guides» par un jury composé de clowns diplômés.

Comme à l'école primaire, le professeur suit le programme qui lui a été confié par le ministère de l'Éducation nationale, donne des devoirs, organise des contrôles et note les copies. La grande différence, c'est qu'au collège, on commence à se spécialiser, à approfondir ce qu'on a abordé au primaire. Du coup, chaque matière est enseignée par *un* professeur dont c'est la spécialité.

Tu vas donc avoir plein de profs différents.

QUAND ILS NE SONT PAS EN TRAIN DE DONNER DES COURS, LES PROFS SE RASSEMBLENT EN «SALLE DES PROFS». C'est le lieu où ils se retrouvent pour discuter ou se détendre, ou travailler à leur prochain cours (sauf que eux, ils ont le droit de boire un café en même temps – enfin, si la machine à café n'est pas en panne).

Bien que ce soit difficile à croire, le professeur mange les mêmes choses qu'un être humain normal, habite dans le même genre de logement (de nombreux professeurs sont en couple, certains ont des enfants) et se comporte à peu près de la même façon que les autres adultes quand il ne se trouve pas dans l'enceinte de l'établissement. En dehors du collège, cependant, il déteste généralement être reconnu. Si tu croises l'un de tes professeurs dans un supermarché, par exemple, il y a peu de chance qu'il te balance un petit coup de poing amical dans l'épaule en te demandant si «ça roule».

L'espérance de vie d'un professeur est identique à celle des autres adultes, mais il est conseillé de ne pas trop l'énerver quand même.

LE PROFESSEUR N'EST PAS TON COPAIN. Tu ne peux pas le tutoyer. Tu ne peux pas lui répondre en poussant un énorme soupir du genre «pfff, c'est booooon». Tu ne peux pas lui dire que tu feras tes devoirs «plus tard». De même, il est inutile de lui demander quel est son Pokémon préféré.

LE PROFESSEUR N'EST PAS TON ENNEMI. Quand il te met une mauvaise note, ce n'est pas toi qu'il juge: c'est ton travail.

Le professeur veut te voir réussir, parce que ça signifie qu'il a réussi aussi.

Si tu veux faire pleurer un professeur de joie, dis-lui à la fin de l'année que tu te souviendras de lui toute ta vie.

LE PROFESSEUR PRINCIPAL

Bien sûr, tu n'en avais pas en primaire, vu que tu n'avais qu'un maître ou une maîtresse.

Le professeur principal est celui avec lequel tu seras en contact dès le jour de la rentrée. Il t'enseigne sa matière pendant les heures de cours inscrites dans l'emploi du temps. Il organise et assure aussi les heures de vie de classe qui sont consacrées à la discipline, à la citoyenneté, aux sujets d'actualité et à toutes les questions relatives au quotidien de ta classe. Chaque classe du collège a son propre prof principal, qui peut être un prof de n'importe quelle matière, maths, EPS, langues, etc.

Son rôle est de suivre et d'informer les élèves toute l'année durant. Il assure le lien avec les familles d'un côté, et l'administration du collège de l'autre. De façon générale, c'est à lui que tu t'adresses quand tu as des questions sur la vie scolaire.

LES DIFFÉRENTES ESPÈCES DE PROFS

Même si tous les profs sont différents, on peut sans trop de problème les ranger dans de grandes catégories que tu retrouveras tout au long de ta scolarité. Dès les premiers jours, il te viendra sûrement à l'esprit des tas de surnoms à leur donner – essaie juste de ne pas les prononcer à voix haute en classe.

Dans les pages qui suivent, nous te présentons quelques exemples de profs-types très caricaturaux, mais nous sommes sûrs que tu en trouveras plein d'autres.

LE « SÉVÈRE MAIS JUSTE »

Au premier jour de cours, il ne sourit pas. Il ne fait même pas semblant. Et il tient à mettre les choses au point *tout de suite* : « Je vous préviens, je serai intraitable » ou « Je préfère vous mettre en garde, je ne suis pas là pour rigoler » ou bien encore « Je ne suis pas ici pour que vous m'aimiez. Je suis ici pour vous faire travailler dur. »

Le « sévère mais juste » ne fait pas de différence entre les élèves. Il raconte d'emblée des trucs terribles et décourageants pour être sûr que vous, ses élèves, allez rester calmes *touuute* l'année. Mais s'il te met un jour une mauvaise note, ça ne lui fera pas plaisir. Car sous ses dehors de « pas rigolo », le « sévère mais juste » cache en vérité un cœur d'or. En fait, il a peut-être un peu peur de s'attacher à vous.

Après quelques semaines, tu apprendras à mieux connaître ce spécimen et tu le trouveras super chouette. Ne le lui dis surtout pas : ça flanquerait tout par terre.

On trouve beaucoup de « sévères mais justes » chez les professeurs de sciences.

LA PROF TROP COOL

La première fois que vous la voyez, vous êtes tous d'accord : il y a forcément un piège. Mais non, il n'y en a pas, et vous allez passer le reste de votre scolarité à vous demander pourquoi tous les autres professeurs ne sont pas comme elle. Elle est marrante, elle est jolie, elle est sympa, elle vous assure qu'« apprendre peut être un vrai plaisir » et qu'elle n'est « pas là pour vous rendre la vie difficile. »

C'est le genre de professeur qui vous félicite quand vous passez de 4/20 à 5/20, qui arrive à convaincre le principal d'organiser une sortie à Londres et qui vous adresse des clins d'œil complices le jour où le principal vient faire un discours dans votre classe.

De nombreuses jeunes profs d'anglais appartiennent à la catégorie des « profs trop cool ». On peut aussi en trouver en français : elles vous font lire des livres avec des dragons et vous emmènent voir des films qui n'ont rien à voir avec le programme.

where is my umbrella?

LE FAUX SYMPA

C'est un peu le contraire du «sévère mais juste». Il commence l'année en racontant que tout va bien se passer, qu'il suffira de faire comme il dit, qu'il ne donnera pas beaucoup de devoirs et que les bonnes notes seront au rendez-vous.

Première énigme de l'année: tu travailles comme il le demande, tu as l'impression d'avoir tout réussi… et tu récoltes une note horrible. Tu essaies de comprendre. Tu relis ta copie dix fois. Tu ne comprends pas.

Pourquoi toi?

Rassure-toi. Le «faux sympa» ne t'en veut pas particulièrement. Il est comme ça avec tout le monde. On dirait qu'il prend plaisir à surprendre ses élèves. Toujours en mal, bien sûr.

Qui est le «faux sympa»? De quelle planète vient-il? Quel est son but secret? Essaie-t-il de… de devenir le prof le plus détesté de l'univers? Tu ne le sauras jamais. Ah, ah, ah!

Le «faux sympa» enseigne souvent les maths ou la technologie – des matières où les parents ont souvent du mal à aider leurs enfants, ce qui fait que tu te retrouves seul face à l'adversité. Mauvaise nouvelle. La *bonne* nouvelle, c'est que tu pourras dire du mal de lui avec tes copains. Tout le monde le déteste.

$\sqrt{4 \times 3}$
$\frac{-4x}{-4}$
$-11x$
$x = \frac{12}{4}$

LA VRAIE PEAU DE VACHE

Contrairement au «faux sympa», la «vraie peau de vache» n'essaie pas de vous mener en bateau. Dès le premier jour, elle est très claire: oui, elle a la réputation d'être très sévère, et non, elle ne veut pas entendre une mouche voler.

La «vraie peau de vache» est convaincue que vous êtes *tous* nuls et que la seule façon de vous rendre un peu moins nuls est de vous répéter à longueur d'année que vous êtes tous nuls. C'est une logique assez particulière.

Interrogations surprises, commentaires méprisants, punitions générales: l'avantage, avec la «vraie peau de vache», c'est que tu seras rarement surpris. Un jour, peut-être, tu auras un 11/20, et tes yeux s'empliront de larmes de gratitude. Peut-être même que tu commenceras à croire que la «vraie peau de vache» est en fait une fausse sévère. Mouais, on en reparlera à la prochaine heure de colle.

On trouve pas mal de «vraies peaux de vache» chez les profs de français ou de SVT proches de la retraite.

0/20

Bien sûr, il existe plein d'autres sortes de profs. En voici une brève liste que tu auras sans doute l'occasion de compléter.

LE « TOUJOURS ABSENT »

Comme son nom l'indique, il n'est pas souvent là. Tu auras donc affaire à son ou à ses remplaçants... Reste à savoir à quelle catégorie ils appartiendront, eux.

LE « DISTRAIT »

Il est plein de bonne volonté, mais il se mélange souvent les pinceaux : il arrive en retard parce qu'il s'est trompé de classe, il oublie ses notes, il confond vos copies avec celles des 3^e^5. Hé, ça pourrait être toi !

LE « CINGLÉ SYMPATHIQUE »

Il hurle tout le temps, il chante à tue-tête, il raconte n'importe quoi – bon, au moins, il te laissera des souvenirs.

LE « LÉGENDAIRE »

Lui, on ne le rencontre qu'une fois dans sa scolarité. Il est patient, doux, compréhensif, il te fait aimer sa matière et il t'apprend des choses qui ne sont pas au programme. C'est le PTC (prof trop cool) ultime !

Euh, pardonnez-moi, mais cette liste est quand même très caricaturale, non?
Ça veut dire quoi?
Eh bien! toutes les profs d'anglais ne sont pas cool, par exemple. Et tous les profs de français ne sont pas des peaux de vache. Ces gens se donnent du mal. On ne peut pas les ranger dans des cases.
Mmm
PROF
Sans compter que ces catégories sont des clichés: personne n'est comme ça en vrai.
Vous avez raison.
Bien. Vous comptez faire quelque chose?
Je reviens tout de suite.
PROF
Voilà. C'est arrangé.
Vous... Vous en avez discuté avec l'auteur?
Absolument.
Mais c'est surtout moi qui ai parlé.
AUTEUR

3

TROP GÉNIAL D'ÊTRE PROF ?

Certains prétendent que « prof », c'est un métier trop cool. Qu'on ne travaille que vingt heures par semaine et qu'on a les vacances scolaires en plus.
Que chaque année on se contente de donner les mêmes cours.
Que c'est très bien payé pour ce qu'on fait.
Qu'on est souvent malade ou en grève pour rien.

Tout ça est faux (sauf pour les vacances).

Certes, enseigner au collège peut se révéler un métier passionnant, et c'est ce qu'il devrait être tout le temps. Mais mettez-vous deux minutes à la place de vos profs. Les collégiens ne sont pas les créatures les plus calmes de la Terre. De temps en temps, il faut faire la police. Apprendre des choses à des élèves que ça n'intéresse pas toujours. Leur expliquer pourquoi ces choses *devraient* les intéresser, pourquoi elles sont importantes pour leur avenir. Leur mettre des mauvaises notes, et leur expliquer pourquoi – parfois l'expliquer à leurs parents.

Enseigner au collège, c'est aussi préparer ses cours, corriger des copies, assister à des réunions, à des conseils de classe et, parfois, gérer des situations difficiles (problèmes de discipline, d'échec scolaire, de situation familiale, etc.). Bref : oui, c'est super quand tout se passe bien, mais c'est aussi extrêmement fatigant.

Les conseils de Maître Li

4

LE LANGAGE SECRET DES PROFS

Attention : les professeurs ne parlent pas exactement le même langage que les élèves. Tu t'en es sans doute déjà rendu compte en primaire. Quand ils disent un truc, ça veut dire autre chose. La plupart du temps, c'est parce qu'ils ne veulent pas vous faire peur (parfois, au contraire, c'est parce qu'ils y tiennent tout particulièrement), vous blesser, avouer leurs erreurs ou faire des promesses qu'ils ne pourront pas tenir.

Pour toutes ces raisons, il est essentiel que tu sois capable de déchiffrer leurs expressions les plus courantes.

CE QUE LE PROFESSEUR DIT	CE QUE ÇA SIGNIFIE
« Je vous rendrai vos copies très bientôt.	« Vous aurez vos copies dans trois semaines.
J'aimerais bien un tout petit peu de silence.	Vous m'épuisez, à hurler tout le temps comme des veaux !
Je ne donnerai pas trop de devoirs. »	Ah, ah, ah ! Vous allez en baver *à mort* ! »

« Vous ne travaillez pas que pour les notes.

Vous m'étonnerez toujours.

Je suis sévère, mais je sais être juste.

Moi, je m'en moque. Je dis ça pour vous.

Ce que vous apprenez ici, ça vous servira toute votre vie.

Vous êtes la pire classe que j'aie jamais eue.

Tout le monde suit ?

Tout le monde a compris ?

Ça a l'air intéressant, ce que vous dites. Et si vous en faisiez profiter toute la classe ? »

« Vous avez intérêt à avoir tous la moyenne.

Au fond, vous êtes une chouette classe.

Personne n'aura la moyenne.

Je ne m'en moque pas, et j'aimerais que vous non plus.

Ce que vous apprenez ici, ça vous servira si vous vous spécialisez dans la chimie moléculaire.

Vous êtes la pire classe que j'aie jamais eue depuis l'année dernière.

Je ne laisserai tomber personne, mais prévenez-moi quand même.

Je ne vais pas réexpliquer.

Toi, je vais tellement te mettre la honte qu'après ça, tu ne bavarderas plus jamais. »

5

LE LANGAGE MALIN DE L'ÉLÈVE

Arrivera fatalement, dans ta vie de jeune collégien, un jour où tu auras *trrrès* envie de dire quelque chose à tes professeurs, mais où tu comprendras intuitivement que ce n'est pas du tout une bonne idée.

Parfois, faire passer un message, c'est juste une question de formulation. Voici quelques exemples qui pourraient grandement t'aider[2].

TU NE DIRAS PAS	TU DIRAS
« Je n'ai rien écouté.	« Je ne suis pas sûr d'avoir tout compris.
Je n'ai pas fait mes devoirs.	J'ai *complètement* oublié de faire mes devoirs hier soir parce que j'ai terminé un roman génial qui m'a tenu éveillé pendant la moitié de la nuit (bon, normalement, ça ne marchera qu'avec un prof de français, hein) (et essaie de trouver un titre de roman long et compliqué).
Ce week-end, j'ai envie de jouer à un jeu vidéo non-stop. »	S'il vous plaît, pas trop de devoirs ! On a déjà un exposé à préparer pour lundi ! »

2. Attention ! La plupart de ces phrases spectaculairement hypocrites ne marchent au mieux qu'une fois, et encore.

“On ne peut pas reporter le contrôle?

Ennnfin! Pas trop tôt! (au moment de la sonnerie).

J'ai oublié mes affaires.

J'ai joué à la console jusqu'à 3 h du matin, et c'est pour ça que je baille tout le temps.

C'est pas moi!

Vous ne deviez pas nous rendre nos contrôles il y a trois semaines?”

“Nous sommes plusieurs à avoir besoin d'approfondissements sur le cours.

Je crois que je ne m'habituerai jamais à cette sonnerie.

J'ai des problèmes de dos à cause de mon sac trop lourd.

Les voisins du dessus ont fait la fête toute la nuit et je n'ai pas pu fermer l'œil.

Je suis un peu perturbé par l'ambiance de la classe.

On ne peut pas avoir un nouveau contrôle quand on n'a pas eu les notes du précédent, n'est-ce pas?”

6

LES AUTRES GENS QUI PEUPLENT LE COLLÈGE

Le collège n'est pas peuplé uniquement de professeurs sadiques et d'élèves formidables (ni de profs formidables et d'élèves sadiques, d'ailleurs). On y trouve tout un tas de personnages plus ou moins mystérieux, bien plus nombreux qu'en primaire, et que tu vas être amené à croiser très souvent – si ce n'est tous les jours.

LE PRINCIPAL

C'est le chef du collège. Celui qui commande, OK ? Un peu comme un directeur d'école, mais pas seulement.

Le principal impulse l'action éducative[3], préside les conseils de classe, gère les remplacements d'enseignants, les visites des inspecteurs, reçoit les parents d'élèves, etc. Il a tout intérêt à paraître impressionnant : quand on t'envoie dans son bureau, c'est rarement pour t'offrir un cornet de frites. Mais ça ne veut pas dire qu'il est méchant. Le collège, c'est un peu un bateau dont il serait le capitaine. Le plus important, à ses yeux, c'est que la traversée (c'est-à-dire l'année scolaire) se passe bien pour tout le monde.

3. Demande à tes parents ce que ça veut dire. Après tout, ce sont eux qui t'ont acheté ce livre.

LE PRINCIPAL-ADJOINT

Il est là pour aider le principal. En primaire, il n'y en a pas, le directeur se débrouille tout seul. Mais imagine un collège avec 1 200 pré-ados et ados en furie. Tu ne crois pas que c'est plus compliqué à gérer qu'une école ?

Non, sans rire, le principal ne peut pas *tout faire* tout seul. Il a besoin de quelqu'un qui connaisse bien son travail et qui puisse le seconder. Tu vois Robin, l'assistant de Batman[4] ? Eh bien ! c'est (à peu près) pareil. Ce qui ne signifie pas que le principal-adjoint soit obligé de porter une cape jaune.

Le principal-adjoint définit les emplois du temps des élèves et des professeurs, organise les examens (le brevet, mais c'est pour les 3e) et gère les relations avec l'extérieur (mairie, journalistes, intervenants extérieurs – par exemple, un policier qui vient faire de la prévention routière, ou l'employé de théâtre chargé de monter un projet avec ta classe). Quand le principal s'absente, c'est le principal-adjoint qui le remplace.

4. N'utilise *jamais* cette comparaison devant ton principal-adjoint.

LE GESTIONNAIRE

Il s'occupe des budgets de l'établissement. C'est à lui que tu remets le chèque de la cantine.

LE CPE

Le CPE (conseiller principal d'éducation), tu n'en avais pas à l'école primaire. Au collège, tu le verras souvent, et c'est sans doute celui avec lequel tu pourras le plus parler, après ton professeur principal. Le CPE, qui occupe le bureau de la vie scolaire, organise la vie des élèves en dehors des heures de cours (activités, associations), contrôle les absences et les retards, gère les problèmes d'entrées et de sorties (si tu as oublié de faire signer un mot, par exemple), dirige les surveillants, fait respecter le règlement intérieur et les consignes, participe aux conseils de classe, forme les délégués et, parfois, s'arrête pour boire un petit verre d'eau.

Il travaille en collaboration avec les professeurs pour s'occuper du suivi des élèves (soutien, conseil, orientation), mais c'est aussi et surtout quelqu'un avec qui tu peux dialoguer en cas de problème (vols, bagarres, exclusions, problèmes personnels). Bon, par contre, si tu as besoin de quelqu'un pour te faire réciter ton poème, si tu veux parler du dernier manga que tu as lu, si tu penses que ton prof de maths est en réalité un extraterrestre: ne va pas voir ton CPE.

LE SURVEILLANT

Le vrai nom du surveillant, c'est « assistant d'éducation » (ou AED). En fait, tu en avais déjà en primaire, mais au collège, il y en a plus. Le surveillant contrôle les entrées et les sorties avec le carnet de correspondance, surveille la permanence et peut aider aux devoirs. Il participe aussi à l'intégration des élèves handicapés, aide les collégiens à utiliser les nouvelles technologies, encadre les sorties et les activités sportives et culturelles, etc.

Souvent, le surveillant est assez jeune, car il fait ce travail pour payer ses études. Peut-être que tu te retrouveras un jour à sa place, alors sois sympa avec lui.

LA PROFESSEUR DOCUMENTALISTE

Elle[5] aime les livres. (Rappel : un CDI, c'est des milliers de livres gratuits, avec les conseils en prime.) Si tu viens lire des romans tous les jours, tu deviendras son chouchou absolu. Si, en revanche, ton projet est de t'ouvrir un compte Facebook en douce sur un des ordis du CDI… oublie.

Elle est aussi là pour t'aider à faire des recherches pour tes exposés ou tes devoirs à la maison. Elle est prof, alors n'essaie pas de l'arnaquer.

5. Il existe aussi des documentalistes mâles. Et des infirmiers. Et des assistants sociaux. Mais pour une fois que le féminin l'emporte sur le masculin, hein…

L'INFIRMIÈRE

C'est elle que tu vas voir quand tu as mal quelque part – que tu es malade ou que tu t'es fait mal en tombant dans la cour, par exemple. Si tu t'es fait vraiment *super* mal, ou que tu es *gravement* malade, bien sûr, on t'emmènera plutôt à l'hôpital.

L'infirmière (parfois, c'est même un médecin) peut aussi te conseiller et répondre à tes questions, même si elles sont intimes ou délicates.

L'ASSISTANTE SOCIALE

C'est celle que tu vas voir quand tu as un problème personnel sérieux. Du genre: tes parents divorcent. Ou: ils ne peuvent plus payer la cantine. Ou: ils n'ont pas de papiers. Ou encore: tu as des problèmes de comportement. L'assistante sociale est un peu l'infirmière du cœur. Elle vient également en aide aux élèves et aux familles pour suivre les demandes de bourse, remplir des papiers administratifs, etc. Comme l'infirmière, elle n'est pas là tous les jours: renseigne-toi avant d'aller attendre 3 heures devant son bureau.

LES ATOSS

Ce sont les dames de la cantine et les agents d'accueil (que tu verras souvent), le responsable de l'entretien et les femmes de ménage (que tu croiseras peut-être parfois). Tous ces gens ont une grande qualité: ils ne te mettront jamais de notes et ne te crieront jamais dessus, sauf si tu sautes à pieds joints dans les lasagnes. Tout aussi indispensables que les autres au bon fonctionnement de l'établissement, ils connaissent bien le collège: ça ne sera pas difficile d'être sympa avec eux… et pas inutile de t'en faire des alliés.

L'INSPECTEUR D'ACADÉMIE

Tu as déjà dû le rencontrer en primaire. C'est le type super sérieux et super impressionnant qui vient pour voir si les professeurs font correctement leur travail. Ah, ah, chacun son tour, hein! Quand un inspecteur arrive dans une classe, il est fréquent que le professeur soit un peu angoissé et, du coup, ne semble pas très naturel. Si tu es bon élève, attends-toi à être interrogé «au hasard» ce jour-là.

LES PARENTS D'ÉLÈVES

Quand ils viennent en cours d'année, c'est en général parce qu'on les a convoqués. On les reconnaît à leur air de chien battu ou au fait qu'ils ont l'air très en colère – et parfois les deux. S'il s'agit de tes propres parents, tu sais sans doute pourquoi ils sont là. Bonne chance!

LE MONSTRE DE LA CAVE

Pas besoin d'en dire plus, hein ?

7

LE LEXIQUE DU COLLÈGE

OU « POURQUOI FAIRE SIMPLE QUAND ON PEUT FAIRE COMPLIQUÉ ? »

Les adultes ont un don pour créer des sigles – c'est-à-dire des sortes d'abréviations qui utilisent les premières lettres des mots. Au collège, il y en a pas mal. On utilise aussi un certain nombre de mots nouveaux. Voici les principaux.

LES SIGLES

AED :

Assistant d'Éducation : le surveillant.

AS :

Assistante Sociale (voir p. 61) ou Association Sportive.

ATOSS :

Administratif, Technique, Ouvrier de Service, Social et de santé. Ouf ! Ce sigle regroupe en fait les agents d'entretien, le jardinier, la dame de la cantine, le gardien, etc. Tous ces gens qui agissent dans l'ombre et qui sont pourtant indispensables à la vie du collège!

ATP:

Accompagnement au Travail Personnel: en 6e et 5e, tes profs peuvent te proposer un soutien (aide aux devoirs, approfondissement de ce que tu n'as pas bien compris en cours). Cet accompagnement est assuré par un prof, une à deux heures par semaine (regarde l'emploi du temps p.81).

AVS:

Auxiliaire de Vie Scolaire: personne chargée de s'occuper de l'accompagnement d'un élève handicapé.

BVS:

Bureau de la Vie Scolaire (voir CPE, p. 59).

CDI:

Centre de Documentation et d'Information (avant, on appelait ça la bibliothèque).

CPE:

Conseiller Principal d'Éducation (voir p. 59).

DNB:

Diplôme National du Brevet. L'examen que tu passes à la fin du collège; tu verras ça quand tu seras en 3e.

EPS:

Éducation Physique et Sportive (la gym, quoi).

FSE :

Foyer Socio-Éducatif. Association qui regroupe les clubs et activités proposés au sein du collège (en primaire, tu appelais ça la «coopérative»).

PO :

Portes Ouvertes. Une fois par an, au début du 2e trimestre, le collège accueille le public pour la visite des locaux et des rencontres avec les élèves et les enseignants.

PP :

Professeur Principal (voir p. 38).

SVT :

Sciences de la Vie et de la Terre.

LES MOTS NOUVEAUX

CLASSE BILANGUE :

Classe où tu apprends deux langues vivantes au lieu d'une.

COURS EN DEMI-GROUPE :

Pour certaines matières (langues, SVT), il arrive que la classe soit divisée en deux groupes.

HEURE DE COLLE :

Tu es «collé» quand tu as fait une bêtise (bavardage, cours séché, triche). On te donne alors un devoir à faire en salle de perm' pendant une heure.

HEURE DE PERM' :

Heure sans cours de ton emploi du temps, passée en salle de permanence (voir p. 19 et p.80).

SÉCHER UN COURS :

Ne pas te rendre en cours. C'est évidemment interdit.

CHAPITRE 3

LE TRAVAIL

1

MALHEUREUSEMENT, IL VA FALLOIR T'Y METTRE

Chers élèves,
La compagnie « super collège » vous souhaite la bienvenue à bord de son vol 6e à destination de la 3e. Ce vol fera escale en 5e et en 4e. Quelques turbulences sont susceptibles de se présenter durant le voyage. Merci de garder votre ceinture attachée et de bien respecter les consignes.
Le commandant de bord et son équipage…

Bon, tu as compris que tu n'étais plus à l'école primaire, hein, pas la peine de te faire un dessin. Ou alors juste un petit ?

Voooilà.

Bref. L'objectif de la 6ᵉ, expliquent les textes officiels de l'Éducation nationale, c'est de consolider les acquis du primaire (vérifier que tu sais toujours lire et compter jusqu'à 14, en gros), et «d'initier les élèves aux méthodes de travail du collège».

ÇA, C'EST SANS DOUTE LE PLUS IMPORTANT.

Tu sais maintenant qu'il y a plein de matières différentes en 6ᵉ, et des tonnes de professeurs. L'autre changement important, c'est que tu vas devoir commencer à travailler comme un grand, ce qui signifie: organiser ton travail sans demander de l'aide toutes les cinq minutes à tes parents, apprendre tes leçons pas seulement pour avoir une bonne note, voir un tout petit peu plus loin que le cours du jour, faire des devoirs pour être sûr que tu as tout compris et pas simplement parce qu'on te les a donnés, etc.

Bien sûr, tes profs vont continuer à te donner des devoirs et à les vérifier. Évidemment, il y aura toujours des interrogations et des contrôles.

Mais à partir de cette année, tu dois savoir que toutes les leçons sont censées être apprises et comprises même si on ne t'interroge pas dessus. Pourquoi?

1) Parce que l'idée générale, c'est d'acquérir du savoir pour plus tard.

2) Parce que, si tu commences à perdre le fil dans une matière, ça va devenir de plus en plus compliqué.

3) Parce que certains profs ne vont pas hésiter à te filer des interrogations-surprises.

Les conseils de Maître Li

QU'EST-CE QU'ON DISAIT ? AH OUI. TRAVAILLER DE MANIÈRE AUTONOME. Organiser son temps. Se res-pon-sa-bi-li-ser (les adultes adorent détacher chaque syllabe de ce mot. On ne sait pas trop pourquoi).

Ne t'inquiète pas. Se débrouiller en solo, ça n'a rien de bien sorcier et, si tu y réfléchis deux secondes, c'est nettement plus cool et ça te rend plus indépendant, plus libre. Pour t'aider à prendre la mesure du chemin parcouru, ce petit tableau tout gentil récapitule rien que pour toi les différences principales entre le CM2 et la 6e.

	CM2	6e
Nombre de profs	Un.	Huit en moyenne.
Comment les appelle-t-on ?	Maître/Maîtresse.	Monsieur/ Madame.
Tu travailles en...	Classe.	Cours.
L'emploi du temps	Simple.	Compliqué au début.
Et les devoirs, ça va ?	Tranquille : il n'y en a pas trop, et tu as peu de risques de les oublier.	Ça va *si tu t'organises.*
Au fait, qui vient me chercher à la sortie ?	Peut-être un parent, ou un baby-sitter, et tu aimerais bien que ça cesse.	Personne. *Yes !*
Y a-t-il un monstre dans la cave ?	Grandis un peu.	Bien sûr qu'il y en a un.

Bref. Au début, tu auras certainement besoin d'aide pour t'organiser (voir p. 87) et puis, au bout de quelques semaines, ça devrait rouler tout seul – surtout si tu lis ce bouquin huit fois et que tu l'apprends par cœur.

2

À QUOI ÇA VA TE SERVIR D'APPRENDRE TOUT ÇA ?

C'est dingue, hein ? Au collège, tu as en moyenne huit matières différentes. Tu es sûrement en train de te demander : est-ce que c'est vraiment utile, tout ça ?

Ces matières, tu les as déjà abordées en primaire. Au collège, tu vas les approfondir, ce n'est pas la révolution non plus.

Soyons honnêtes : à part savoir lire, compter et être à peu près capable de poser une addition, rien de ce qu'on peut t'apprendre dans une salle de classe n'est *directement* indispensable à ta survie. Sauf que ton but, ça n'est pas juste de survivre. Regarde les adultes autour de toi et réfléchis deux minutes. Faire un métier qu'on a choisi, ça a l'air drôlement important, non ? Eh bien, en principe, ça passe par une scolarité réussie.

En fait, on considère généralement que le système scolaire (et le collège en fait partie) doit remplir deux fonctions : préparer à un métier, et fournir une culture de base. Donc, même si une matière te paraît n'avoir que peu de rapport avec ce que tu veux faire plus tard[6], tu ne perdras jamais ton temps à l'étudier.

Voyons maintenant un peu ça dans le détail.

FRANÇAIS

Toute ta vie, et quel que soit le métier que tu feras plus tard, tu auras besoin de parler et d'écrire le français. Quelqu'un qui fait trop de fautes a du mal à se faire comprendre. Sans compter que ça ne fait pas super impression. Si tou leu guide éT ékri com ssa, eskeu tu ariveurai a leu lir ? Ess queue tu leu prendrai o sérieu ?

En 6e, tu vas consolider la maîtrise de la langue, et commencer à acquérir une culture littéraire. Connaître les plus grands auteurs français, c'est important, ils font partie de notre histoire.

MATHÉMATIQUES

Ce qu'on t'enseigne au collège fait partie de la culture mathématique de base. C'est-à-dire que, pour de bon, ça peut être utile dans la vraie vie. Calculer des aires, des périmètres, apprendre la proportionnalité, c'est super *concret* – ça peut te servir à devenir architecte ou à faire tes courses. Au lycée, si tu choisis une section scientifique, ça se compliquera un peu, mais ça tombe bien, parce que tu aimeras ça.

LANGUE ÉTRANGÈRE

Certains métiers t'amèneront à travailler avec des gens d'autres pays. Apprendre leur langue (et là, on ne parle pas de compter jusqu'à dix ou de savoir les noms des couleurs, mais bien d'être capable de tenir une conversation, de connaître la culture d'un pays) est donc indispensable – tu ne peux pas seulement espérer qu'ils apprennent la tienne.

6. Et sur ce sujet, souviens-toi que tu peux changer d'avis, même plusieurs fois, même très tard.

En plus de ça, c'est super chouette de pouvoir aller dans un pays lointain et d'être capable de se débrouiller tout seul pour commander des frites, louer un hélicoptère ou négocier avec des cannibales.

Et au collège, tu vas déjà faire des voyages linguistiques. Garantis sans cannibales.

HISTOIRE ET GÉOGRAPHIE

Savoir d'où on vient, c'est savoir qui on est, du moins en partie. Il est très important que tu assimiles un certain nombre d'informations sur le monde (son histoire, ses milieux, ses villes) et, surtout, que tu les comprennes : il ne s'agit plus seulement d'apprendre des dates par cœur.

En 6e, tu vas aborder l'Antiquité, la place de l'homme dans son environnement : les bases, quoi.

SCIENCES ET TECHNIQUES

Hé, on va arrêter de faire pousser des graines sur du coton, hein ! Mieux connaître les êtres vivants, leur comportement et leur milieu – savoir à quoi servent les objets, comment ils fonctionnent… Par exemple, tu vas établir des classifications parmi les espèces animales et végétales, procéder à des expériences sur la chaleur, l'humidité, créer des arborescences dans les dossiers de ton ordinateur, etc.

Les sciences et techniques, qui regroupent les sciences de la vie et de la terre (SVT) *et* la technologie, te permettent aussi de comprendre comment les hommes interagissent avec leur environnement. Tu admettras que ça peut être utile… Sans compter qu'en 5e, tu vas découvrir les sciences physiques.

ARTS PLASTIQUES

Scoop : il existe une différence entre une cuillère en plastique et un tableau de Picasso.

En 6e, tu vas apprendre ce qu'est un objet artistique. Créer, représenter, exposer, reconnaître. Tu vas aussi comprendre que l'art peut faire passer des messages, des émotions. Les visites au musée vont cesser d'être une corvée (ou presque !)

ÉDUCATION MUSICALE

Grâce à ce cours, tu vas découvrir des tas d'univers musicaux différents – anciens et modernes. Crois-nous sur parole, tu as de la chance[7] !

L'éducation musicale, ce n'est plus apprendre plein de chants comme en primaire. C'est savoir reconnaître des styles de musique, comprendre quel rôle peut jouer tel ou tel instrument dans un orchestre, et comment.

ÉDUCATION PHYSIQUE ET SPORTIVE

À quoi sert la gym ? Ah, ah : on en reparlera le jour où tu devras semer un alligator furieux au milieu des marais avec un sac de 30 kg sur le dos.

Plus sérieusement, en 6e, ça devient concret : tu développes ton endurance, tu améliores tes performances, tu maîtrises mieux ton corps parce que tu comprends mieux ses limites, et tu pratiques des sports collectifs (tu apprends à ne pas garder le ballon pour toi – si tout le monde fait ça, ton équipe perdra à chaque fois).

7. Il y a trente ans, les élèves apprenaient à jouer « au clair de la lune » tous ensemble à la flûte, ok ? Alors, quoi qu'on te fasse faire dans ce cours, ne te plains JAMAIS.

3

L'EMPLOI DU TEMPS

Eh ouais, ça ne rigole plus. En 6e, avec toutes ces matières, ces salles en pagaille, ces tonnes de profs, tu vas avoir besoin d'un emploi du temps pour t'y retrouver.

D'ores et déjà, et parce que c'est partout pareil, on peut te dire que tu auras chaque semaine :

5 heures de français,
4 heures de mathématiques,
4 heures de langue étrangère,
3 heures d'histoire-géographie,
3 heures de sciences et techniques (SVT + technologie, 1 h 30 chacune),
1 heure d'arts plastiques,
1 heure d'éducation musicale et…
4 heures d'éducation physique et sportive.

Ajoute à ça :

1 à 2 heures d'aide et accompagnement personnalisé (ou ATP, pour t'aider à organiser ton travail[8], ou plus simplement pour te proposer du soutien ou de l'approfondissement),

+ 3 heures de LV2 si tu es en classe bilangue,

+ 1 heure de vie de classe une semaine sur deux, et tu auras des semaines bien remplies.

Parfois, tu auras des **heures de perm'** (des heures sans cours qui sont autant de « trous » prévus dans ton emploi du temps, que tu devras passer au collège). Tu pourras les utiliser pour t'avancer dans tes devoirs, par exemple.

Heures de cours, heure(s) de perm' : tout est indiqué sur ton emploi du temps, y compris le numéro de la salle où tu as cours et le nom de ton professeur.

ATTENTION ! Ton emploi du temps peut changer selon que la semaine est « paire » (noté S.P. dans ton emploi du temps) ou « impaire » (S.I.) : par exemple, tu auras soit un cours de techno, soit un cours de SVT. Il est aussi possible que tu suives des cours en demi-groupe (indiqués groupe A et B, ou 1 et 2) avec une moitié de la classe seulement. Le fonctionnement reste le même ; fais tout de même gaffe à ne pas te tromper de groupe.

Tout ça a l'air compliqué en théorie, mais tu verras vite qu'en pratique, c'est très simple.

UN PETIT CONSEIL : photocopie ton emploi du temps, mets chaque matière dans une couleur différente pour mieux la visualiser et affiche le tout dans un endroit où tu le vois souvent – genre sur le réfrigérateur.

8. En fait, tu risques de t'ennuyer un peu parce qu'on ne fera globalement que te répéter ce qui se trouve déjà dans cet *Anti-guide*. Mais ne dis pas ça à ton professeur.

UN EXEMPLE D'EMPLOI DU TEMPS

<table>
<tr><th></th><th>Lundi</th><th>Mardi</th><th>Mercredi</th><th>Jeudi</th><th>Vendredi</th></tr>
<tr><td>8h</td><td>All. LV1 B203
Mme Wolfsperger</td><td rowspan="2">EPS M. Baudry</td><td>Maths C103
Mme Marigliano</td><td rowspan="2">EPS M. Baudry</td><td>Angl. LV1 B206
M. Burrus</td></tr>
<tr><td>8h55</td><td>HG C210
M. Champion</td><td>permanence</td><td>HG C210
M. Champion</td></tr>
<tr><td>9h50</td><td>récréation</td><td>récréation</td><td>récréation</td><td>récréation</td><td>récréation</td></tr>
<tr><td>10h10</td><td>Ed. musicale A005
Mme Pasquini</td><td>Maths C103
Mme Marigliano</td><td rowspan="2">Français B122
Mme Maj</td><td>SVT D 110 s.p. / Techno A 104 s.i.</td><td>Angl. LV2 B209
M. Broust</td></tr>
<tr><td>11h05</td><td>Angl. LV1 B206 / Angl. LV2 B209</td><td>Français B122
Mme Maj</td><td>Angl. LV2 B209
M. Broust</td><td>Français B122
Mme Maj</td></tr>
<tr><td>12h</td><td>cantine</td><td>AS ping-pong</td><td>chorale</td><td>cantine</td><td>club cinéma</td></tr>
<tr><td>12h30</td><td>club échecs</td><td>cantine</td><td>cantine</td><td>cantine</td><td>cantine</td></tr>
<tr><td>13h30</td><td>Techno A104
Mme Tran</td><td>SVT D 110
Mme Moudt</td><td></td><td>HG C210
M. Champion</td><td>Vie classe B122
Mme Maj</td></tr>
<tr><td>14h25</td><td>Maths C103
Mme Marigliano</td><td>Maths C103
Mme Marigliano</td><td></td><td>Angl. LV1 B206
M. Burrus</td><td>Arts pla. C215
Mme Guéchot</td></tr>
<tr><td>15h20</td><td>récréation</td><td>récréation</td><td>récréation</td><td>récréation</td><td>récréation</td></tr>
<tr><td>15h40</td><td>Français B122
Mme Maj</td><td>All. LV1 B203
Mme Wolfsperger</td><td></td><td>All. LV1 B203
Mme Wolfsperger</td><td>Maths C103
s.p. gr.A/s.i. gr.B</td></tr>
<tr><td>16h35</td><td>ATP B122
Mme Maj</td><td>AS
Rugby</td><td></td><td>Maths C103
s.p. gr.B/s.i. gr.A</td><td></td></tr>
</table>

QUESTION ORGANISATION, C'EST ASSEZ CLAIR : L'EMPLOI DU TEMPS EST TON MEILLEUR AMI. Mais tu auras aussi un agenda, où tu vas noter tous les devoirs et les leçons à apprendre (n'oublie pas de préciser la matière à chaque fois, sinon ça va être compliqué), et un carnet de correspondance (ou carnet de liaison, ou « passeport collégien »), que tu devras montrer à tes parents chaque fois que le collège veut leur communiquer une information.

Le site Internet de ton collège te permet aussi de retrouver ton emploi du temps… et les devoirs à faire. Si tu es du genre inquiet, tu peux ainsi vérifier deux fois.

En cas de doute sur une leçon ou un devoir, appelle quelqu'un de ta classe (de préférence pas à 10 heures du soir). Les excuses du type «je ne savais pas», «j'avais pas compris ça» ou «j'ai oublié de noter» ne sont plus valables au collège.

LES HEURES DE COLLE

On les appelle aussi heures de retenue (voir p.66). Ces sanctions, prévues par le règlement, te sont infligées quand tu as fait une bêtise. Tu es obligé de revenir ou de rester au sein du collège en dehors de tes heures de cours. La plupart du temps, tu dois exécuter un devoir écrit supplémentaire donné par le professeur qui t'a collé (ce devoir peut être noté).

4

TOUS LES OUTILS POUR ASSURER

DÈS LA 6e, TU VAS AVOIR ACCÈS À PRONOTE, ou un logiciel équivalent utilisé par tous les professeurs de ton collège.

Tu pourras t'y connecter de chez toi pour consulter :

- les évènements à venir, genre conseil de classe ou sortie ;
- le calendrier scolaire, avec les vacances et les jours fériés ;
- tes notes et tes absences ;
- ton emploi du temps semaine par semaine ;
- l'agenda de tes devoirs ;
- et, parfois, des documents (textes, images ou vidéos) qui complètent tes cours.

Pour te connecter, tu auras besoin de codes d'accès. Ton prof principal va te les fournir dès la rentrée. Si tu les oublies (mais ça n'arrivera pas, hein ?), ton CPE pourra te les rappeler. L'espace auquel ils te permettent d'accéder est strictement privé.

Normalement, tes parents auront leurs propres codes, pour communiquer en ligne avec tes professeurs et vérifier ce que tu fabriques.

LIVRES, CAHIERS, MATÉRIEL, AFFAIRES PERSONNELLES : il y a tout un tas de trucs à emporter au collège, et ça change tous les jours suivant ton emploi du temps. Pour chaque matière, tu as au minimum un livre et un cahier, et tu dois les avoir avec toi à chaque fois que tu as cours.

Il est fréquent, en début d'année, d'oublier des affaires : on n'est pas encore habitué à cet emploi du temps avec plein de matières, on quitte sa chambre un peu trop vite le matin…

Essaie de boucler ton sac la veille au soir dans le calme. Ça t'évitera un stress inutile.

Les conseils de Maître Li

Normalement, le poids de ton sac ne doit pas excéder plus de 10 % de ton propre poids.

Conclusion : si ton sac est trop lourd, mange des aliments gras et sucrés.

Vérifie que tu emportes bien les livres, cahiers et cahiers d'exercices correspondant à *chaque* matière de la journée. Au collège, les oublis ne sont plus excusés et peuvent te valoir une sanction : une heure de colle ou un mot dans ton carnet de correspondance.

Procède à un contrôle récapitulatif matière par matière, avec ton emploi du temps et ton agenda sous les yeux, un peu comme si tu étais un pilote d'avion : bref, **fais une check-list**.

IL Y A AUSSI DES CHOSES QUE TU DOIS PRENDRE TOUS LES JOURS :

- ton carnet de correspondance : dans certains collèges, tu peux en avoir besoin pour entrer et sortir de l'établissement ;
- ton agenda scolaire ;
- ta carte de cantine ;
- ton emploi du temps – qui figure aussi dans ton carnet de correspondance ;
- ta trousse complète avec : un stylo de chaque couleur, éventuellement un stylo-plume et son effaceur, un surligneur, un crayon à papier, un taille-crayon, une gomme, de la colle et des ciseaux, un compas ;
- des feuilles simples et doubles.

Enfin, trois accessoires pas tout à fait scolaires mais utiles tout de même :

- ta carte de transport ;
- les clés de chez toi ;
- ton téléphone portable, si tu en as un.

5

COMMENT T'ORGANISER SANS PEINE

Si tu t'y prends intelligemment, tu vas vite te rendre compte que la 6e, question travail, ça peut rester *relativement* zen.

Les conseils de Maître Li

On a étudié attentivement la question de l'organisation, et on est arrivés aux conclusions suivantes :

➡ **Lorsque l'on te donne des devoirs, n'oublie pas de noter la matière concernée**, sinon tu vas perdre un temps fou à retrouver l'exercice 12 de la page 20 de la mystérieuse matière inconnue…

➡ **Avance-toi.** Certains devoirs te sont donnés à l'avance, et ce n'est pas pour rien. **N'attends pas le dernier moment** (la veille) pour les faire.

➡ Ouvre ton agenda et **dresse la liste des devoirs** pour le lendemain et, surtout, pour les jours d'après. L'idée, c'est de savoir ce qui te reste à faire et de bien faire la **différence entre ce qui te prendra du temps** (par exemple, lire tout un roman, faire des recherches pour un devoir ou un exposé) **et ce qui sera rapide**. Commence bien sûr par le travail le plus long, pour ne pas avoir à y passer la nuit avant le jour J.

➡ **Fais ce que tu aimes le moins en premier.** C'est comme commencer à manger les légumes avant la viande : tu sais que tu devras le faire *de toute façon*. Alors fais-le d'abord, comme ça, tu seras débarrassé et tu pourras passer aux trucs agréables.

➡ **Avance-toi.** Tu gagneras en tranquillité d'esprit.

➤ **Travaille à des horaires réguliers.** Ton cerveau va s'habituer et deviendra plus efficace. C'est pas une blague !

➤ **Avance-toi.** Si jamais un travail imprévu te tombe dessus ensuite, tu pourras y faire face tranquillement.

➤ **Un bureau bien rangé**, ça peut aider. Quand on sait où se trouve chaque livre, chaque cahier, on gagne du temps et on est plus efficace.

➤ **Avance-toi !** Tout ce que tu peux faire pour être tranquille, fais-le !

➤ **Travaille régulièrement :** relis tes leçons le soir même, après le cours. Sinon, au bout de 24 heures, tu en auras oublié la moitié. Au bout d'une semaine, il ne t'en restera que des souvenirs – et tout sera à refaire.

➤ Si certains points de tes leçons ne te semblent plus aussi clairs que pendant le cours, **n'hésite pas à t'aider de ton livre**, qui comporte toujours des récapitulatifs : il est là pour ça et pas seulement pour que tu le promènes de chez toi au collège comme un petit chien.

➤ Dans ton agenda, **barre au fur et à mesure les devoirs que tu viens de finir :** tu verras tout de suite ce que tu as déjà fait et ce qu'il te reste à accomplir. Ça fait toujours du bien au moral.

Si tu as des recherches à faire à la bibliothèque ou au CDI, si tu dois organiser une séance de travail avec d'autres élèves de ta classe : prévois-les et note-les dans ton agenda.

Pour que ton agenda ne soit pas trop déprimant : notes-y aussi tes sorties avec tes copains, les dates d'anniversaire et celles des vacances.

Les conseils trop cool du Monstre de la cave

6

LES QUESTIONS QU'ON VA TE POSER LE SOIR, CE QUE TU VAS RÉPONDRE, ET CE QUE TU DEVRAIS RÉPONDRE À LA PLACE

1

LA QUESTION

Tu as fait tes devoirs?

TA RÉPONSE

J'ai presque fini!

LA VÉRITÉ

Tu viens à peine de sortir tes affaires.

CE QUI RISQUE DE SE PASSER

Tes parents vont vérifier. Ils sont comme ça.

ET DONC, QUE FAIRE?

Dis qu'il te reste un «petit chapitre» à relire, et enferme-toi dans ta chambre pour tout boucler avant de croiser de nouveau tes parents.

2

LA QUESTION

Et les autres, ils ont eu quelle note?

TA RÉPONSE

Oh, tout le monde a eu une sale note. Vous vous rappelez, Octave, le premier de la classe? Eh ben, il a eu 4.

LA VÉRITÉ

Tu as obtenu la 14e note de la classe et Octave a eu 18,5.

CE QUI RISQUE DE SE PASSER

Tes parents vont vouloir appeler les parents d'Octave.

ET DONC, QUE FAIRE ?

Rien. Tes parents n'oseront jamais appeler ceux d'Octave parce que:

1) Ils n'ont pas son numéro,

2) Ils se doutent que tu mens mais ils n'ont pas du tout envie d'en être sûrs.

ET SINON, QUE FAIRE EN VRAI ?

Éviter que ça se reproduise en bossant un peu plus la prochaine fois. Sans quoi tes parents seront sûrs que tu mens, et ce ne sera pas bon pour toi.

3

LA QUESTION

C'est quoi, ce mot pour oubli de travail ?

TA RÉPONSE

Eh bien, en fait personne n'a compris parce que tout le monde a eu un oubli parce que la prof n'a jamais dit que c'était à apprendre par cœur et en tout cas pas pour mardi parce qu'on croyait que c'était mercredi le lundi parce qu'on n'a pas eu gym.

LA VÉRITÉ

Tu as juste oublié ton cahier d'anglais.

CE QUI RISQUE DE SE PASSER

Tes parents vont mettre un mot à la prof d'anglais dans le carnet de correspondance.

ET DONC, QUE FAIRE ?

Dire que le carnet de correspondance est resté au collège est une idée assez nulle, qui risque de t'apporter encore plus de problèmes.
Si tes parents ne parlent pas anglais, tu peux toujours essayer de dire que la prof ne lit que les mots rédigés en anglais.
Hum. Non, c'est pourri aussi.
Bon, sans rire, explique que tu étais fatigué et que tu es désolé et que ça ne se reproduira plus jamais-jamais. Ça peut peut-être passer. Surtout si tu joues le jeu et que tu n'oublies (presque) plus rien…

4 **LA QUESTION**

Qu'est-ce que tu fais dans ce livre ?

SA RÉPONSE

Oh, c'est mon travail.

LA VÉRITÉ

Il n'en a aucune idée. Et nous non plus.

CE QUI RISQUE DE SE PASSER

Oh, le Monstre va continuer à apparaître de temps en temps et personne ne saura pourquoi il vit dans la cave.

ET DONC, QUE FAIRE ?

Arrêter de lui poser des questions. Ça pourrait l'énerver.

7

LE CONSEIL DE CLASSE

Le conseil de classe est une réunion ultrasecrète qui se tient généralement à chaque solstice dans une crypte humide et où les professeurs portent de grandes cagoules blanches à pointes et…

Euh.

Pardon. Ça, ce sont les notes pour un autre livre.

Donc.

Le conseil de classe est une réunion pas secrète du tout qui se tient trois fois par an, à chaque trimestre, pour « statuer[9] » sur le cas de chaque élève. Les professeurs y viennent tous, et ils peuvent s'habiller *à peu près* comme ils veulent (par exemple, ils n'ont pas le droit de porter une combinaison de plongée, sauf si le conseil de classe se tient au fond de l'océan Atlantique, ce qui arrive rarement). D'autres membres du personnel scolaire sont présents : le principal ou son adjoint, le CPE, et éventuellement l'assistante sociale et/ou l'infirmière. Les délégués de classe (voir p. 97) sont aussi conviés, et parfois les parents d'élèves.

9. Oui, c'est un mot compliqué, mais on a décidé qu'il était temps pour toi de te servir d'un dictionnaire.

AVANT LA TENUE DU CONSEIL, chaque professeur fournit une appréciation sur le travail de chaque élève dans sa matière. Ces appréciations seront reportées sur le bulletin (voir p. 99) après le conseil de classe. Ainsi, le bulletin est une sorte de bilan du trimestre. L'élève peut savoir où il en est, se situer par rapport au reste de la classe, et savoir quels progrès il lui reste à accomplir.

PENDANT LA RÉUNION, le professeur principal résume les appréciations sur chaque élève, puis donne la parole aux enseignants qui désirent faire des remarques. Une fois que tous ceux qui le souhaitent se sont exprimés, le principal émet un commentaire général. Le conseil de classe, en effet, peut attribuer à un élève une mention spéciale, positive ou négative.

- **Félicitations** (« bravo ! »)
- **Compliments** (« pas mal du tout ! »)
- **Encouragements** (« c'est pas mal, on reconnaît tes efforts, continue à travailler... »)
- **Avertissement pour manque de travail** (« il faudrait peut-être te mettre au boulot, là ! »)
- **Avertissement de conduite** (« et si tu commençais à te calmer gentiment ? »)

Les mentions sont évidemment liées aux notes... mais pas seulement. Si tu as beaucoup de facilités mais que tu as 13 de moyenne générale, tu peux n'avoir aucune mention – alors qu'un élève moins doué mais qui travaille beaucoup pourrait obtenir les compliments avec la même moyenne.

APRÈS CHAQUE CONSEIL DE CLASSE, les bulletins sont parfois remis par le professeur principal à tes parents à l'occasion de la réunion de remise de bulletins, qui a lieu en même temps que la rencontre parents-profs. Ils sont systématiquement envoyés chez toi.

En fin d'année, le conseil de classe donne son avis sur le passage ou non de chaque élève en classe supérieure.

Il paraît que les professeurs n'aiment pas trop les conseils de classe. À ton avis, pour quelle raison ?

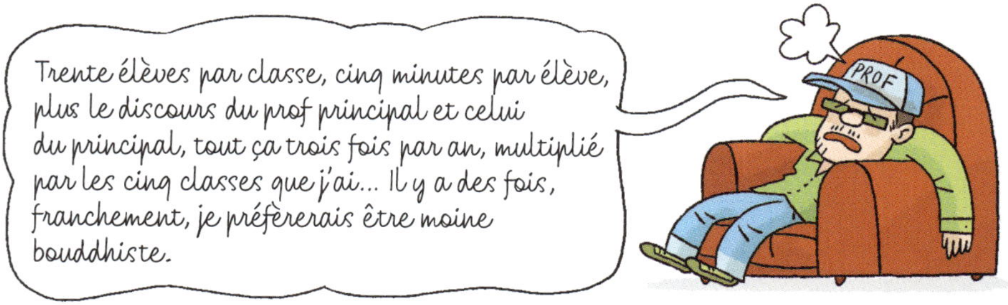

LE DÉLÉGUÉ DE CLASSE

D'accord, le délégué a deux bras et deux jambes comme toi (a priori). Pourtant, ce n'est pas tout à fait un élève comme les autres. Au collège, le délégué a un vrai rôle : il participe au conseil de classe.

Les délégués sont élus par la classe début octobre.
En général, ils sont deux, et se présentent avec un suppléant (une sorte de vice-délégué). Le scrutin à deux tours qui permet de les désigner rappelle celui des élections présidentielles[10].

Si tu veux être élu, il te faut un programme et un discours solides. Essaie de ne pas raconter trop de bêtises : explique ce que tu feras vraiment, pas ce que les autres voudraient t'entendre dire. Reste simple et naturel.

LES DÉLÉGUÉS REPRÉSENTENT LES AUTRES ÉLÈVES auprès des professeurs, du principal, du principal-adjoint et du CPE. Ils participent au conseil de classe et assistent aussi aux conseils de discipline d'un élève de leur classe. Ces derniers se tiennent quand un élève a vraiment fait une énorme bêtise, et que les profs, le principal et le CPE doivent appliquer une sanction. D'autres tâches peuvent être confiées aux délégués : négocier avec les autres professeurs pour boucher un trou dans l'emploi du temps, par exemple.

10. Au premier tour, on vote pour qui on veut. Les quatre élèves qui ont le plus de voix sont présents au second tour. On vote alors pour deux d'entre eux – qui seront élus avec leur suppléant.

Tout ça représente des responsabilités importantes, mais ça ne veut pas dire non plus que tu vas être le maître du monde. À titre d'exemple, ce tableau comparatif dresse la liste des avantages dont bénéficient un président américain et un délégué de 6e.

	Président des États-Unis	Délégué de classe
Limousine avec chauffeur	oui	non
Bombe atomique	oui	non
Soirée avec Brad Pitt	oui	non
Cuisinier 3 étoiles	oui	non
Logement à la Maison-Blanche	oui	non
Discours à la télé	oui	non
Possibilité d'envahir un pays	oui	non
Voyage dans le monde entier	oui	non
Assis à côté du principal	non	possible...

8

LE BULLETIN DE NOTES

Comme en primaire, le bulletin de notes peut être ton meilleur ami ou ton pire ennemi.

Il est envoyé à tes parents par courrier chaque trimestre après le conseil de classe et comporte normalement :

- ta moyenne dans chaque matière ;
- ta moyenne générale ;
- la moyenne de la classe dans chaque matière et la moyenne générale de la classe ;
- les pires et les meilleures moyennes dans chaque matière, la pire et la meilleure moyenne générale ;
- des appréciations de tes professeurs, matière par matière ;
- une appréciation générale du principal, et une éventuelle mention ou sanction.

Voici sans doute le genre de bulletin que tu aimerais bien ne pas recevoir (il a l'air marrant comme ça, mais on est sûrs qu'il ne ferait pas rire tes parents).

Bulletin du 1er trimestre

Classe : 6e 1

Français	4	Porte des jolis tee-shirts. Voilà, voilà.
Maths	6	Il faudrait déjà commencer par trouver le numéro de la salle.
Anglais	3	Ne sait même pas dire son nom alors que c'est *pareil*.
Histoire-géo	7	Lille n'est pas une île, et Montcuq n'est pas la capitale de la France.
SVT	5	La grenouille, un mammifère ? Sérieusement ?
Arts plastiques	9	Dans « arts plastiques », il n'y a pas juste « plastiques ».
Éducation musicale	5	Par pitié. Ne chantez plus.
EPS	8	Court très vite, mais pas assez pour arriver à l'heure.
Techno	11	A réussi à ne rien détruire au cours de ce trimestre.

Bon, d'accord, on a légèrement exagéré. Jamais tu ne recevras un bulletin de ce genre (parce que tu auras lu l'*Anti-guide*, déjà).

En revanche, essaie quand même de ne pas dormir en cours, parce que tes parents seront forcément au courant: le bulletin leur sera adressé, et ils peuvent savoir tout ce qui se passe en consultant leur espace Pronote (voir p.83).

ET GARDE À L'ESPRIT QUE C'EST TON TRAVAIL QU'ON ÉVALUE, pas toi en tant que personne. Si tu as un super bulletin, évite de danser la samba en montrant les autres du doigt. Si tu fais un trimestre pourri, rien ne t'empêche de te rattraper au suivant.

TEST

Vas-tu finir premier de la classe ?

Essaie de répondre aux questions de ce test, et tu le sauras très vite.

Le périmètre d'un cercle de diamètre 5 cm est égal à :

Ⓐ Le péri-quoi ?

Ⓑ Environ 15,7 cm.

Ⓒ Il existe une formule, non ?

Comment dit-on : « Ce test craint vraiment » en anglais ?

Ⓐ On le dit par gestes.

Ⓑ *This test sucks big time.*

Ⓒ On ne le dit pas parce que ce n'est pas gentil.

Homère :

Ⓐ Est un personnage des *Simpson.*

Ⓑ Est un poète épique grec, auteur de l'*Odyssée.*

Ⓒ N'est pas *seulement* un personnage des *Simpson.*

Ludwig Van Beethoven est mort :

Ⓐ En slip de bain.

Ⓑ Sourd comme un pot.

Ⓒ Et c'est bien triste.

- **Si on te demande de passer une barre d'1m :**
  Ⓐ Tu te faufiles en-dessous.
  Ⓑ Tu tentes un saut en fosbury.
  Ⓒ Tu t'assieds et tu pleures.

- **Qu'est-ce qui possède un noyau, une membrane et du cytoplasme ?**
  Ⓐ Une pêche avec une membrane et du cyto-machin.
  Ⓑ Une cellule.
  Ⓒ J'ai demandé à mon père et il m'a dit : « tu verras ça en SVT ».

- **L'empereur Wudi est :**
  Ⓐ Une tortue géante avec plein de super pouvoirs.
  Ⓑ Un monarque chinois (140 – 87 av. J.-C.) de la dynastie des Han.
  Ⓒ Sur Wikipédia.

Tu as une majorité de A : Attends-toi à une petite période d'adaptation délicate.
Tu as une majorité de B : Tu es sûr que tu n'as pas *déjà* été en 6e ?
Tu as une majorité de C : Premier, on ne sait pas, mais ça devrait bien se passer.

CHAPITRE 4

LES PARENTS

1

ET SI C'ÉTAIENT EUX LES PLUS STRESSÉS ?

La plupart des parents sont souvent assez angoissés par la rentrée en 6e. Ils se rongent les ongles, surfent sur le Net à la recherche d'articles rassurants, te demandent sans cesse si « ça va ? », vérifient dix fois ton sac la veille de la rentrée. À croire qu'ils ont plus la trouille que toi !

Attention, tous ne sont pas comme ça non plus. En fait, on distingue plusieurs types de parents. Voici les plus courants.

LES ANGOISSÉS

Il faut te rendre à l'évidence : les parents angoissés ont *beaucoup* plus peur que toi. Le jour de la rentrée, on dirait qu'ils te laissent partir pour Mars avec juste un slip et une banane. Tu pourrais leur rappeler qu'ils sont déjà passés par là eux aussi mais si ça se trouve, ça ne fera qu'aggraver le problème.

Montre-leur plutôt que tu contrôles la situation, que tu connais *L'Anti-guide de la 6e* par cœur, et explique-leur que tu vas retrouver plein d'amis sympas.

LES « À LA COULE »

Ah bon ? Tu rentres *déjà* en 6e ? C'est pas l'année prochaine ? Autant être clairs : les parents à la coule ne commenceront à flipper que le jour où une bombe atomique tombera sur ton collège.

Essaie de les res-pon-sa-bi-li-ser un peu ! En collant des copies de ton emploi du temps partout, en leur demandant tous les jours de te faire réciter tes leçons, par exemple.

LES IMPLIQUÉS

Eux, on a l'impression qu'ils adoreraient prendre ta place. Ton emploi du temps ? Ils le connaîtront par cœur. Tes profs ? Ils connaîtront leurs noms avant toi. Tes devoirs ? Ils vont t'aider, ooooh oui. Même si tu n'en as pas besoin.

Fais-leur comprendre que c'est toi qui entres en 6e, et pas eux, et que les choses ont changé depuis le CM2. Bien sûr, tu n'es pas contre un petit coup de main, mais tu préfères te débrouiller seul.

LES ABSENTS

Coucou, les copains, vous êtes là ? Tiens, non. Les parents absents sont ravis que tu entres en 6e, hein, ils sont vraiment très-très contents, ils ont noté la date dans leur agenda et tout. Le problème, c'est qu'ils travaillent comme des fous, qu'ils ont des réunions trois fois par semaine et qu'ils sont en retard sur tous leurs dossiers.

Explique-leur que toi, tu ne travailles pas avec eux, rappelle-leur que ton entrée en 6e, c'est maintenant et pas dans dix ans, et fais leur comprendre – gentiment, pour commencer – que tu as besoin d'eux... Il faut qu'ils se réveillent !

UNE CHOSE EST CLAIRE : ton passage en 6e est un moment très important pour tes parents, qui réveille plein de souvenirs en eux.

Ils sont partagés entre la joie de te voir grandir, la nostalgie de constater que tu n'es plus leur petit poussin de l'école primaire, et l'inquiétude face à l'arrivée annoncée de l'adolescence. Ah, ah ! Les pauvres chouchous.

Au cours de tes premières semaines au collège, tes parents vont sans doute se montrer particulièrement attentifs à ton travail, tes résultats, ton moral, etc. Si tu les sens trop nerveux, essaie de les rassurer : par exemple, en leur montrant que tu t'es fait une check-list (voir p. 85), que tu as photocopié ton emploi du temps dix fois ou, mieux, que tu le connais déjà par cœur.

Fais-leur savoir que tu contrôles la situation, même si ce n'est pas vrai à 100 %.

2

UNE JOURNÉE PRESQUE PARFAITE

Tu le constates sûrement chaque jour : tes parents et toi, vous n'avez pas toujours la même façon de voir les choses. Entre ce qu'ils aimeraient que tu fasses et ce que tu fais vraiment, il existe souvent un certain décalage.

La 6e, c'est facile ! Lever le matin à 6 h 30, grand sourire aux lèvres, petit déjeuner avalé avec entrain.

Hop, à 7 h 15, te voilà prêt. Une petite révision pour la route ?

8 h : toujours le premier au collège.

9 h, 10 h : chaque cours est un enchantement.

12 h : le déjeuner est un repas très important pour ton équilibre nutritionnel, et tu le sais mieux que personne.

14 h : EPS ! Un esprit sain dans un corps sain, c'est ta devise !

16 h : des maths pour finir ! Ta matière préférée !

17 h 30 : pas de temps à perdre ! Les devoirs, c'est ce qu'il y a de meilleur !

19 h : tes parents rentrent, la table est mise, le repas est prêt.

20 h 30 : et maintenant, rien de tel qu'un bon roman de Victor Hugo pour finir la journée !

21 h : au lit ! Tu t'endors aussitôt, en rêvant à demain !

Sois sympa : de temps à autre, essaie de te mettre à leur place et de faire ce qu'ils attendent de toi. Les parents sont particulièrement sensibles aux efforts spontanés.

En revanche, n'essaie pas de devenir parfait. Tu n'y arriveras pas et franchement, tant mieux. La perfection, c'est bon pour les équations mathématiques. Toi, tu es un être humain, avec tes défauts et tes qualités. Et c'est comme ça que les gens t'aimeront.

Ton boulot, c'est de grandir, d'apprendre à te débrouiller seul, de te forger des goûts, des idées, bref : une personnalité.

LES PETITES PHRASES QUI NE TE SAUVERONT PAS + CELLES QUI TE FERONT GAGNER DU TEMPS

Quel que soit ton âge, tes relations avec tes parents ne seront jamais 100 % tranquilles. C'est tout à fait normal. Le but du jeu, c'est de bien vivre ensemble malgré les différences.

Un des problèmes, avec les parents, ce n'est pas vraiment ce que tu dis, c'est comment tu le dis. Les parents sont des êtres fragiles qui ont besoin d'être rassurés. Quand tu leur promets des choses, pas la peine de jurer sur ta tête. Après tout, tout le monde passe son temps à s'arranger un peu avec la vérité. La dernière fois que tes parents t'ont dit que tu serais privé de sorties pour l'année ou que tu n'aurais rien pour Noël, est-ce qu'ils ont mis leur menace à exécution ?

Fais comme eux, fais des compromis (= ne t'obstine pas quand tu vois que tu as tort) et pratique l'art subtil de la demi-vérité (une vérité avec un peu de mensonge dedans). Montre que tu es plein de bonne volonté. Évite les phrases qui vont les énerver pour rien, apprends les phrases qui sauvent – celles qui te permettront d'éviter des disputes inutiles.

Tu verras que tout se passera mieux.

Mais… Mais vous êtes en train d'encourager nos lecteurs à mentir ?
Maître Li ?
Oui ?
Si on vous donne un bol de riz parfumé aux petits légumes sautés, vous la bouclez ?
Eh bien…
On va faire ça, alors.
Merci beaucoup.

LES PHRASES QUI NE TE SAUVERONT PAS	LES PHRASES QUI TE FERONT GAGNER DU TEMPS
« Mais c'est boooon… (dite d'une voix traînante).	« Bon, d'accord.
Je ferai ça plus tard !	Oui, je m'en occupe !
D'accord, j'ai eu 6/20, mais il y a une fille qui a eu 2.	J'ai eu 6/20 à une petite interro et tout le monde ou presque a eu une note horrible mais en ce qui me concerne, ça n'arrivera plus jamais.
J'ai une bonne et une mauvaise nouvelle.	J'ai un petit truc pas grave à vous dire, mais j'ai surtout une SUPER nouvelle !
Je vais dormir chez Paul demain soir.	Si je finis mes devoirs pour toute la semaine, est-ce que je peux aller dormir chez Paul, s'il vous plaît ?
Où est-ce que vous avez mis ma console ?	Je ne retrouve plus ma console. Je vais la chercher et en profiter pour ranger un peu.
C'est pas à moi de mettre la table.	On devrait faire un tableau pour les corvées, non ?
Pourquoi vous me criez tout le temps dessus ? »	Ce serait super qu'on ait une vraie discussion, une fois. »

TOUS DANS LE MÊME BATEAU !

Tes parents aussi sont rentrés en 6e ; ils ont même été collégiens. Le problème, c'est qu'ils ont tendance à l'oublier un peu trop facilement.

Pour leur rafraîchir la mémoire, tu peux leur donner ce petit questionnaire à faire. Il concerne les années collège uniquement. Le principe est simple : il s'agit de répondre par oui ou par non. Ne les oblige pas à te fournir des résultats détaillés. La conclusion suffira.

Avez-vous déjà falsifié une signature ? ○ oui ⊗ non

Avez-vous déjà volé de l'argent dans le porte-monnaie de votre père ou de votre mère ? ○ oui ⊗ non

Vous souvenez-vous par hasard d'une bêtise énorme que vous auriez faite entre 11 et 14 ans et que vous n'auriez *jamais* avouée à vos parents ? Prenez votre temps pour réfléchir, hein. ○ oui ⊗ non

Avez-vous déjà triché à une interrogation ? ○ oui ⊗ non

Avez-vous déjà souhaité ficher le camp de chez vous ? oui non

Vous êtes-vous déjà levé bien avant tout le monde pour apprendre un cours en catastrophe ? oui non

Avez-vous déjà pleuré dans le seul but d'apitoyer vos parents ? oui non

Vous êtes-vous parfois servi du Minitel[11] familial malgré l'interdiction qu'on vous en aurait faite ? oui non

Êtes-vous déjà allé chez un(e) ami(e) alors que vous étiez censé être ailleurs ? oui non

Vous êtes-vous déjà pris une gifle en vous disant que vous ne l'aviez pas volée ? oui non

Vous avez plus de 5 oui : Bravo, vous étiez un(e) ado tout à fait normal(e).
Vous avez entre 2 et 5 oui : Mouais. Vous n'avez pas trop de quoi vous vanter quand même, si ?
Vous avez moins de 2 oui : On dirait bien qu'il n'y a pas d'âge pour mentir.

11. Toi, tu ne sais pas ce que c'est. Mais tes parents, si.

N.B. : si tes parents ne trouvent pas ce test drôle et menacent de te punir, c'est qu'ils n'ont pas le sens de l'humour. Au moins comme ça, tu es prévenu.

TEST

Es-tu déjà un adolescent ?

Le passage de l'enfance à l'adolescence[12] est souvent mal vécu par les parents. En gros, c'est comme si une météorite de 5 km s'écrasait dans leur jardin et qu'ils prenaient un air extrêmement surpris alors que tout le monde leur répète depuis dix ans que ça *va* arriver.

Bon, comment sait-on qu'on est en train de devenir un ado ? Voici un test qui devrait t'aider à y voir plus clair.

→ **On te dit de mettre la table :**

Ⓐ « Tout de suite, maman chérie ! »

Ⓑ Tu y vas en traînant des pieds.

Ⓒ Tu n'entends pas : tu écoutes de la musique au casque.

→ **Tu es chez un copain, et on t'a impérativement demandé de rentrer à 18 h :**

Ⓐ Tu rentres à 17 h 55. Ouf !

Ⓑ Tu rentres à 18 h 10 en inventant une petite excuse mignonne.

Ⓒ Tu rentres à 18 h 55, tu soupires et tu fais remarquer à tes parents que ce serait quand même plus simple s'ils t'achetaient un portable.

12. Attention : la puberté et l'adolescence sont deux choses différentes. L'adolescence, qui est plutôt un état d'esprit et une façon d'être, ça fait peur aux parents ; la puberté, qui est avant tout une transformation physique et qui peut arriver avant, t'intrigue sûrement plus : va voir en p.157.

- **Tes notes sont en baisse. Tes parents te le font remarquer :**
  Ⓐ Tu promets de t'améliorer – et tu tiens parole !
  Ⓑ Tu promets de t'améliorer et… bon, tu feras ce que tu peux, hein.
  Ⓒ Tu dis que les profs sont nuls, que les autres élèves t'empêchent de te concentrer et que tu es très perturbé par l'actualité internationale – tout ça sans en penser un mot, et en grignotant ce paquet de chips qui était en théorie réservé aux invités.

- **Tu passes devant ton école primaire :**
  Ⓐ Tu écrases une larme. C'était tellement bien !
  Ⓑ C'était sympa, mais tu dois reconnaître que c'est mieux maintenant.
  Ⓒ Punaise, tu avais oublié qu'il pouvait exister quelque chose de plus nul que le collège.

- **On te demande « comment était ta journée » :**
  Ⓐ Tu racontes tout, et tellement bien, que tes parents cessent de t'écouter.
  Ⓑ « J'ai eu un 4/10 en maths mais je peux expliquer. »
  Ⓒ « Il reste des pâtes ? »

Tu as une majorité de A : Tu es encore un enfant. C'est super, mais ça ne va pas durer éternellement.
Tu as une majorité de B : C'est bizarre. La vie est belle, mais tu te sens un peu comme une chenille avant sa transformation en papillon.
Tu as une majorité de C : Félicitations : tu appartiens officiellement à la classe d'âge la plus redoutée de la planète.

CHAPITRE 5

TOI ET LES AUTRES

1

SEUL AU MONDE : QUE FAIRE ?

Ça craint ! La rentrée est là, et tous tes potes se retrouvent dans un autre collège. Comment est-ce possible ?

Simple : en primaire, sauf déménagement, tu retrouvais en général tes camarades de l'école maternelle.

Au collège, avec les questions de secteurs, d'options et de distance, les élèves peuvent être orientés dans des établissements différents, et le risque d'être séparé de tes copains est plus important. Bref, te voici seul avec ta mélancolie tandis que tes amis sont sans doute en train de s'éclater comme au bon vieux temps. Si ça se trouve, ils t'ont déjà oublié !

Hé ! Ce n'est pas parce que tu n'es pas dans le même collège que tes amis que ce ne sont plus tes amis. Si tu tiens vraiment à eux et qu'ils tiennent vraiment à toi, vous resterez en contact, c'est sûr : en vous voyant si vous n'habitez pas trop loin, en vous téléphonant, en vous envoyant des SMS et des mails, en communiquant via *Skype* – et en vous retrouvant pendant les vacances, qui sait ?

Les amis, on s'en fait tout le temps, et partout. Ce n'est pas en restant assis comme une statue en pensant à tes potes du primaire que tu vas les faire réapparaître. Tu es dans un autre endroit, avec d'autres personnes. Ce nouveau départ est une chance de te faire de nouveaux copains et de nouvelles copines !

L'amitié, c'est changeant. Il y a des phases, des revirements, des oublis, des surprises. Demande à tes parents qui, parmi les amis qu'ils ont maintenant, ils connaissaient il y a dix ans : tu seras sans doute étonné.

Tes meilleurs copains, tu ne le sais pas encore, mais tu vas peut-être te les faire maintenant.

2

POTES, AMIS, COPAINS : LE MODE D'EMPLOI

Quand on arrive en 6e, se faire rapidement des potes semble être l'enjeu le plus important du monde. Le collège, tu vas y rester quatre ans. Avoir des personnes sur qui compter, des amis avec qui rire, râler, jouer ou partager des choses est évidemment une nécessité.

Existe-t-il une méthode spéciale pour y arriver ? Non.

Si tu étais populaire et super drôle et hyper cool en primaire, pas de raison que ça change. Si, au contraire, tu étais du genre à rester toujours dans ton coin, tu vas vite te rendre compte que tu n'es pas le seul. À la rentrée, tout le monde ou presque est ultracoincé et timide. L'important, c'est de dépasser rapidement cette phase. Et de te souvenir que la plupart des gens sont sympas. Le reste est une question d'affinités, de patience, et de hasard.

Tu l'auras remarqué : dans le titre de ce chapitre, nous établissons une distinction entre « pote », « copain » et « ami ». C'est quoi, les différences ?

UN(E) POTE, c'est juste quelqu'un que tu côtoies régulièrement. Des potes, ce n'est pas très difficile de s'en faire. Il suffit d'intégrer une bande. On rigole, on discute : c'est léger et ça ne fait pas de mal.

LE COPAIN/LA COPINE, c'est déjà le degré au-dessus : quelqu'un avec qui tu t'entends vraiment bien, qui t'est vraiment sympathique, que tu peux éventuellement inviter chez toi.

UN(E) AMI(E), enfin, est un copain (ou une copine) à qui tu peux confier tes secrets les plus… secrets. Quelqu'un avec qui tu pourrais partir au bout du monde (sauf qu'il va falloir attendre d'être majeur et d'avoir des sous, n'est-ce pas ?). En principe, on n'a pas cinquante amis. C'est ce qui les rend si précieux.

L'AMITIÉ ENTRE FILLES

L'amitié, chez les filles, c'est sacré : ça ressemble à une sorte de territoire secret et fermé à l'intérieur duquel on se livre l'une à l'autre en toute confiance. C'est ce qui rend les « ruptures » si compliquées et douloureuses. Pas sûr que les filles puissent avoir de vagues « potes » comme les garçons : on distinguera surtout les copines, avec qui on rigole bien, des amies, avec qui on peut aussi pleurer.

L'amitié en 6e, c'est aussi le règne des confidences – des choses que tu ne diras qu'à ta meilleure amie et, pour la première fois sans doute, pas à tes parents.

L'AMITIÉ ENTRE GARÇONS

Bizarrement, les garçons sont pudiques en amitié. Avoir un ami intime, c'est parfois un peu « la honte. » Pas de chichis entre nous, quoi ! Du coup, la distinction pote/copain/ami est souvent moins claire chez les gars que chez les filles. Les amitiés entre garçons commencent la plupart du temps par la découverte d'intérêts communs : le sport, les jeux vidéo, etc.

En résumé, si tu es un garçon et que tu partages des centres d'intérêt avec d'autres garçons sans réellement les connaître, ce sont des potes.

Si tu les connais un peu, que vous faites autre chose que discuter de vos passions, ce sont des copains.

Si vous vous voyez tout le temps : ce sont des amis.

Evidemment, avec l'entrée en 6e, la notion d'amitié prend toute sa valeur. Tu n'es plus un « petit », tes goûts se développent, tes avis et tes envies... Certains gardent leurs amis de collège toute leur vie (et c'est vrai aussi pour les filles) !

L'AMITIÉ ENTRE FILLES ET GARÇONS

Bien sûr que ça existe. Sur le papier, c'est même très simple : deux personnes qui s'entendent bien et qui prennent plaisir à être ensemble. Parfois, cependant, d'autres sentiments entrent en jeu. Certaines relations amicales au départ peuvent évoluer vers quelque chose de plus sérieux (voir p.138). L'entrée en 6e marque le début des vraies relations amoureuses : celles qui donnent des ailes et qui font souffrir, celles qui te paraîtront bientôt les plus importantes du monde.

LES ENNEMIS

Hélas, ça peut arriver : à côté de l'amie, du copain, du gars ou de la fille de ta classe dont-tu-connais-le-nom-mais-c'est-tout, il y a parfois, inexplicablement, une personne que tu détestes. OK, ce n'est la faute de personne, mais un conseil : laisse tomber. Détester quelqu'un, c'est une perte de temps et d'énergie considérable. Vous ne serez jamais potes, mais vous devriez être capables de vous ignorer, non ? On ne vous demande rien d'autre.

3

CES AMIS QUE TU PRÉFÈRERAS ÉVITER (SAUF UN)

Parfois, il y a des amis dont on se passerait bien. Au collège, tu vas en rencontrer pas mal.
Apprends à les repérer dès le premier jour avant d'échanger avec eux des serments d'amitié éternelle par une nuit de pleine lune !

LE 1ER DE LA CLASSE[13]

Si le 1er de la classe n'a que 19 de moyenne générale, c'est parce que les profs ne mettent jamais 20. Pour cette raison, il est seul et il n'a pas d'amis. Mais apparemment, il t'aime bien. Veux-tu être son copain ? Merci, c'est sympa.

13. Afin de respecter la parité filles/garçons, tu remarqueras que nous alternons les genres dans cette série de portraits. Hé, mais ça ne veut pas dire que les premiers de la classe sont forcément des garçons, on est d'accord ? Ni que les filles sont les seules à pouvoir embrouiller.

Si tu aimes parler de notes tout le temps, ta vie va être très excitante. Ne crois pas pour autant qu'il te laissera copier sur lui.

Normalement, il a des lunettes. Mais comme il est très intelligent, il est possible qu'il n'en porte pas, juste pour ne pas se faire repérer.

MISS EMBROUILLEUSE

Tu es sûr que c'est ta meilleure amie ? Non, parce que machine, à la récré, elle a dit que bidule pensait que tu avais écrit un truc dans ton cahier qui sous-entendait qu'un tel ne lui faisait plus confiance parce qu'elle t'avait raconté une histoire qui signifiait le contraire. Alors ce serait bien que tu t'expliques, d'accord ?

Son sourire mielleux et son air perpétuellement étonné (« Qui ça ? Moi ? ») devraient t'inciter à la méfiance.

LA POT DE COLLE

Elle ne t'aime pas, elle t'adore. Parce que tu es tellement super. En cours, elle veut être à côté de toi. À la cantine, elle veut être à côté de toi. Au gymnase, elle veut être à côté de toi. Dans la vie, elle veut être à côté de toi. Tu habites à l'autre bout de la ville ? Pas grave. Elle te raccompagne. T'en as de la chance.

Tu la reconnaîtras vite. Comme son nom l'indique, elle ne devrait jamais être bien loin. Et puis, au bout d'un certain temps, elle voudra tellement te ressembler qu'elle s'habillera à peu près comme toi.

DOCTEUR MYTHO

Son père joue au PSG mais il ne peut pas te dire son nom. Sa mère est mannequin. Son grand-père ? C'est l'inventeur du sous-marin nucléaire. Il vit dans un manoir de cinquante pièces, avec un guépard, trois fantômes, un circuit de voitures grandeur nature et de la vaisselle en diamant. Bizarrement, il ne t'invite jamais chez lui.

S'il ne porte pas de vêtements hyper chers, s'il ne paraît pas totalement exceptionnel, c'est pour que les autres ne soient pas jaloux. Quel gentleman !

MAUVAIS-PLAN-GIRL

Dans le casier de la prof principale, il paraît qu'il y a une feuille avec tout ce que les profs pensent de *chaque* élève. Ce serait super de la voler, non ? Toi, les profs t'aiment bien, ils te font confiance, alors si tu t'en chargeais ? Pendant ce temps, elle, elle fera semblant d'avoir une crise cardiaque. Ça ne peut que marcher.

Evidemment, mauvais-plan-girl paraît absolument innocente et charmante. Il est probable que tes parents l'adorent. « Tu devrais l'inviter plus souvent ! »

MISTER J'ASSURE

Lui, pas sûr que tu sois obligé de l'éviter. La 6e ? Il connaît par cœur. Ses deux frères et ses trois sœurs sont déjà passés par là. Il sait à quand remonte le dernier vaccin de la prof de maths, quel est le jour où il y aura de la pizza à la cantine dans trois mois, et il est même pote avec le Monstre de la cave.

Pour le repérer, pas de souci : c'est le seul garçon qui sourit le jour de la rentrée.

4

MINCE : JE SUIS AMOUREUX/SE

Ah, ah ! Ton cœur bat plus fort ? Tu le/la trouves joli/e, marrant/e, gentil/le, super génial/e ? Possible que ce soit l'amour.

Mais tu crois vraiment qu'on va t'aider à gérer ça ? Qu'on va t'écrire dix pages de conseils fleuris pour rédiger ta déclaration ? Ouais, c'est vrai, on pourrait le faire. Mais on ne raconte pas plus l'amour qu'on ne raconte le bonheur, disait l'écrivain Julien Green. Alors pourquoi est-ce qu'on perdrait notre temps à te parler d'un truc qu'on ne peut pas décrire et contre lequel il n'y a strictement rien à faire ?

OK, essayons quand même.
Alors, euh. L'amour, ça peut ressembler à ça :

Ou à ça :

Ou encore à ça :

Bref, en gros, l'amour, ça ne ressemble à rien. Mais quand ça t'arrive, tu ne penses qu'à ça. Certains symptômes se retrouvent souvent : joie ou tristesse excessive, distraction, perte éventuelle d'appétit. Surtout, tu penses toujours à *l'autre*.

Du coup, que faire ? Si tu es amoureux/se, essaie de le faire savoir à la personne concernée. Tu peux choisir la méthode directe (tu lui dis, tu lui écris un mot – ça réclame pas mal de courage), indirecte (tu le fais dire par quelqu'un d'autre) ou ne pas te déclarer mais essayer de lui faire comprendre par des attentions, des compliments, des petites allusions subtiles.

Si celle ou celui dont tu es amoureux/se partage tes sentiments, c'est super (et tu verras, tu te débrouilleras à merveille). Si elle ou il ne l'est pas, tu vas peut-être souffrir un peu, c'est tout à fait normal. C'est dans ces moments-là que les amis et la famille peuvent t'apporter du réconfort. Efforce-toi de songer à autre chose, de te trouver des activités, des projets. Avec le temps, tu finiras par ne plus y penser.

Oh, et si quelqu'un est amoureux de toi mais que ce n'est pas réciproque, arrange-toi pour le lui faire comprendre gentiment, d'accord ? Tu peux essayer d'attirer son attention sur autre chose, un projet commun, une autre personne, dire que ce n'est pas grave, que tu aimes bien être seul(e), que vous pouvez être amis à la place.

Non. Non, à la réflexion, ne lui dis surtout pas ça. Oh, bon sang, on est vraiment nuls.

Alors il a dit quoi ?
Il m'a dit qu'il préfère qu'on reste amis...
Oh, pas cool...
Bon, euh, ben si tu veux, tu peux sortir avec moi à la place... Ça... ça ne me dérange pas.
Nan, c'est sympa, mais je préfère qu'on reste amis.

5

CE QUI VA CHANGER EN 6E

L'amitié au collège, c'est généralement plus profond qu'en primaire. Ça dure plus longtemps. Ça peut se prolonger au lycée, voire même après.

On n'est pas en train de dire que c'était nul avant ou que ça ne signifiait rien. Simplement, tu as grandi. Tes envies ont changé, et tu as (un peu) plus de liberté qu'avant.

Ce petit tableau t'aidera à constater les différences :

	Primaire	6e
On se fait une sortie ?	Oui, enfin, tu viens chez moi, quoi.	On peut aller au parc ou à la médiathèque, si on donne aux parents une heure de retour.
Une fête ?	Mon anniversaire, avec un gâteau et des copains.	On s'enferme pendant six heures et on écoute de la musique que nos parents n'aiment pas.
Tu peux rester dormir à la maison samedi soir ?	Bon, mes parents voudront sans doute qu'on prenne un bain, et ensuite ils nous regarderont manger et après on regardera un DVD avec eux, mais ce sera super, je t'assure.	Ça sent le plan pizza en duo + *Simpson* méga tranquillos !
Tiens, je te fais un cadeau.	Ma mère l'a acheté pour toi.	*Je* l'ai acheté (avec les sous de ma mère).
On a plein de trucs en commun.	On a plein de Pokémons en commun.	On a des livres, films, groupes préférés en commun.

CHAPITRE 6

LA VRAIE VIE À CÔTÉ

Attention : ce chapitre n'a pas de rapport direct avec l'entrée en 6e. Mais il a quand même toute sa place dans cet anti-guide. Dans les années à venir en effet, « la vie à côté » va prendre de plus en plus d'importance à tes yeux.

Moins de temps avec les parents, plus de temps avec les potes/copains/amis : tu vas développer tes goûts, tes envies, tu vas avoir envie de faire des choses par toi-même, de vivre à ton idée.

Cependant, n'oublie pas que tu habites *encore* chez tes parents et que ça implique certaines règles à respecter, OK ?

1

LA CULTURE

LA CULTURE[14]. AH, LA CULTURE. À QUOI ÇA SERT ? À rien, répondent les gens qui n'en ont pas. Et effectivement, on peut très bien vivre sans culture. Regarde les koalas, par exemple. La plupart des koalas n'ont jamais ouvert un bouquin de leur vie – ou alors, juste un abécédaire avec la lettre E comme Eucalyptus.

Alors, pourquoi devrais-tu te cultiver ? Est-ce que ce ne serait pas plus cool d'être un koala ?

14. Attention, ce mot a plusieurs significations. Nous, on l'utilise au sens de « se cultiver », c'est-à-dire lire des livres, écouter de la musique, aller voir des expos, etc.

Bon, déjà, tu dois savoir qu'un koala, ça ne vit que quinze ans environ. Ensuite, la culture, c'est d'abord du plaisir. Si tu es passionné par des romans, des films, un certain style de musique, tu trouveras toujours de quoi nourrir ta passion, et ça te rendra heureux. Tu auras aussi des tas de choses à partager avec d'autres personnes, d'innombrables trésors à découvrir ou à faire découvrir.

Songe également à ceci: dans les pays gouvernés par un tyran, la première chose qu'on fait disparaître, ce ne sont pas les voitures ou les petits pois: c'est la culture. Les artistes sont mis en prison. Les musiciens sont privés de leurs instruments. Les livres et les tableaux sont brûlés. Pourquoi? Parce que la culture rend libre. Elle ouvre ton esprit à plein de réalités, à plein de façons de penser. Elle t'aide à mieux sentir, connaître et comprendre le monde. Crois-nous sur parole: aucun dictateur n'a intérêt à ce que tu comprennes le monde.

BIEN SÛR, IL N'EST PAS FORCÉMENT ÉVIDENT DE S'Y RETROUVER au milieu de ces millions de livres, tableaux, morceaux de musique. On appelle ça avoir «l'embarras du choix». Le point le plus important, c'est que tu restes libre d'écouter, de lire, de regarder ce que tu veux. Tu as la chance de vivre dans un pays où l'accès à la culture est presque illimité et souvent gratuit.

Tu veux des exemples?

LA MUSIQUE

Tu peux l'écouter à la radio. Il y a des dizaines de stations disponibles sur la bande FM (et beaucoup plus encore sur Internet), avec plein d'émissions de musique, dans tous les domaines, et des sites comme Deezer ou Spotify où tu peux écouter tout ce que tu veux gratos.

LES LIVRES

Romans, documentaires –, tu peux les emprunter au CDI ou en bibliothèque municipale. Tu n'auras pas assez d'une vie pour les lire tous.

LES FILMS

Au cinéma, à la télé, bien sûr, mais à la médiathèque aussi.

LA PEINTURE, LA SCULPTURE

On les trouve principalement dans les musées. Certains sont gratuits pour les enfants – ou le premier dimanche de chaque mois. Renseigne-toi sur leurs sites !

Tu as la chance d'habiter un pays où la culture est accessible à tout le monde, et souvent gratuitement. Profites-en !

Va trouver les associations culturelles de ton collège ou de ton quartier. Sois curieux. Développe tes goûts, mais prête aussi attention à ceux des autres ! Consulte les journaux, écoute les programmes radio, demande des conseils à ton libraire ou à ta documentaliste, ou pourquoi pas à un des surveillants que tu aimes bien : la culture, ça ressemble à un parcours sans fin, et c'est ça qui est génial. Tu pars d'un point A, tu ne sais pas où tu arriveras, mais tu peux être sûr que tu trouveras plein d'étapes intéressantes sur ta route.

De cette façon, il y a des gens qui passent du manga à Tolstoï, de Beyoncé à Miles Davis, de *Mon voisin Totoro* à Hokusai.

QU'EN PENSENT TES PARENTS ?

Tes parents pensent que ce chapitre est super. Tes parents sont tout à fait d'accord pour dire que la culture, c'est hyper important.

Tes parents aimeraient que tu ne gaspilles pas ton temps à des activités futiles et que tu passes tous tes week-ends dans des bibliothèques ou des musées.

En outre, tes parents ont certainement des idées assez arrêtées sur les choix que tu devrais opérer.

MAIS ATTENTION, tes parents semblent avoir oublié :

1) qu'on n'a pas forcément envie de se cultiver 24h/24,

2) qu'il y a culture « sérieuse » et culture « plaisir ».

Eux, à ton âge, ils écoutaient / regardaient / lisaient probablement tout un tas de trucs de très mauvais goût. Ce qui serait intéressant, c'est que tu en discutes avec eux.

Demande-leur de te parler du « Top 50 », par exemple, ou de « Champs-Élysées » (des émissions télé bien ringardes, qu'ils connaissent forcément). De *La Boum* ou des *Visiteurs* (des films qui n'ont pas super bien vieilli). Regarde avec eux sur YouTube les vidéos correspondantes : il y a des chances qu'ils essaient de se justifier en t'expliquant que « c'était une autre époque » et que « tu ne peux pas comprendre ». Tape « Ouragan + Stéphanie de Monaco » et demande-leur si, vraiment, c'était mieux que Katy Perry. Chacun son époque, non ?

Bon, et est-ce qu'il n'y avait pas des livres ou des chanteurs qu'ils trouvaient géniaux à l'époque et un peu moins maintenant ? Est-ce que ce n'est pas de la culture aussi ?

2

LA TECHNOLOGIE

On ne va pas te faire une leçon de morale. La technologie, c'est évidemment excitant et pratique – ça permet notamment d'être connecté à ses potes. Mais ça peut aussi faire perdre un temps monstrueux.

Un rappel : la plupart des objets technologiques dont nous parlons ici sont interdits au collège. Tu as éventuellement le droit d'emporter un téléphone ou un lecteur MP3, mais pas de l'allumer (tu dois le laisser dans ton sac).

Le truc le plus important, évidemment, c'est de contrôler la technologie, et de ne pas en être esclave. Les patrons de Google, Apple, Nintendo, Sony, Instagram, Microsoft, YouTube, Facebook, etc., sont tous super riches grâce à nous. Eux, ils sont tout à fait d'accord pour que tu passes quatorze heures par jour sur leurs machines ou leurs programmes, ce n'est pas du tout leur problème. Demande-toi d'abord ce que ça t'apporte vraiment.

Le savais-tu ? L'ancien patron d'Apple (comme le patron actuel de Twitter) ne voulait pas que ses enfants aient une tablette ou un smartphone : il pensait que ça risquait « de nuire à leur créativité ». À méditer !

Voici un petit tour d'horizon de ces objets qui font maintenant partie de ta vie, et dont tu dois apprendre à te servir intelligemment, si possible.

TÉLÉPHONES ET SMARTPHONES

Si tu en as déjà un, normalement, c'est surtout pour être en contact avec tes parents ou tes proches, donc : réponds quand ils t'appellent – sauf quand tu es en cours, bien sûr.

Mais tu es au courant qu'il est interdit de l'allumer au collège, mmmh ? Et que si tu le perds, le casses ou te le fais voler, eh bien, ce sera tant pis pour toi.

ATTENTION : des études de l'Organisation mondiale de la santé montrent que l'usage prolongé des téléphones n'est pas bon du tout pour les jeunes, notamment avant 12 ans. Utilise-les avec modération. Utilise un kit piéton ou envoie des SMS.

LECTEURS AUDIO

La musique au casque, c'est ce qui te permet de te créer ton petit univers personnel, et de ne pas embêter les autres. Essaie juste de ne pas te couper trop longtemps du monde et fais gaffe au volume sonore. L'ouïe, ça se perd, mais ça ne se regagne jamais.

ORDINATEURS

Dès cette année, on va te demander de les utiliser pour des recherches dans le cadre d'exposés ou pour approfondir des sujets étudiés en cours. Mais attention : ça ne veut pas dire recopier une fiche Wikipédia sans comprendre.

Savoir se servir correctement et intelligemment d'un ordinateur, ça ne se fait pas en une année. En 6e, en cours de technologie, tu vas commencer à te familiariser avec les traitements de texte et les moteurs de recherche. Pour le reste, demande de l'aide aux gens qui s'y connaissent (au collège : les surveillants et le personnel du CDI). C'est un outil de travail, pas un jouet.

Les principaux sites utilisés par les ados – et donc bientôt par toi :

➤ Google (le moteur de recherche le plus connu), YouTube (pour regarder des vidéos),

➤ les sites de mails (où tu peux créer ta propre messagerie),

➤ les sites de jeux en ligne (tu n'as pas besoin qu'on te donne les noms, hein),

➤ et les réseaux sociaux, notamment Facebook, Twitter et Instagram.

UN RAPPEL : même si personne ne peut t'empêcher de te connecter en douce, la loi française interdit l'inscription sur les réseaux sociaux avant l'âge de 13 ans.

Ne communique à personne tes codes et mots de passe, fais attention à ce que tu dis, à qui tu le dis, à ce que tu postes comme photos. Internet garde la trace d'à peu près tout, et même si tu effaces quelque chose après coup, quelqu'un a pu faire une capture d'écran. Ne parle qu'à des gens que tu connais vraiment (n'importe qui peut se planquer derrière une photo ou un pseudo sympa).

TABLETTES

Parfait pour regarder des films ou des photos, très pratique pour surfer. Problème : on peut y passer des heures et des heures pour pas grand-chose au final. Hé, tu sais qu'il existe des sites qui peuvent t'aider à réviser tes cours et à faire des exercices ? Tes profs pourront t'indiquer les meilleurs, du genre mathenpoche, audio-lingua, kartable, etc.

CONSOLES

Personne ici ne te dira que les jeux vidéo, c'est mal. Ce qui est mal, c'est de ne faire que ça.

Les nouvelles technologies, c'est super, quand leur usage est contrôlé. Discute avec tes parents des heures où tu peux jouer et/ou te connecter. Et essaie de ne pas trop les arnaquer.

Si on te demande d'y aller doucement avec les consoles et tout ça, ce n'est pas pour te pourrir l'existence. C'est juste qu'il y a d'autres trucs dans la vie. Et que l'excès est rarement une bonne chose.

LA PUBERTÉ

Ouais, tu connais très bien ce mot. On t'en parle ici parce qu'il s'agit d'un truc qui peut tout à fait t'arriver en 6e. Si ce n'est pas le cas, cependant, sache que c'est NORMAL. L'âge moyen de la puberté pour les garçons, c'est 13 ans, et pour les filles, c'est 12,5 ans. Ça peut être moins, à partir de 9 ans, mais c'est vraiment très rare.
Alors reste cool.

LA PUBERTÉ, C'EST QUOI ? C'est le moment où tes organes de reproduction deviennent fonctionnels. Dans les temps reculés où les gens chassaient le mammouth avec des cailloux pointus et où leur espérance de vie s'élevait à, genre, 30 ans, on avait intérêt à se reproduire sans tarder ; c'est bien différent aujourd'hui.

La puberté, comme tu peux le voir sur les croquis qui suivent, s'accompagne de modifications physiques profondes et définitives.

FILLE

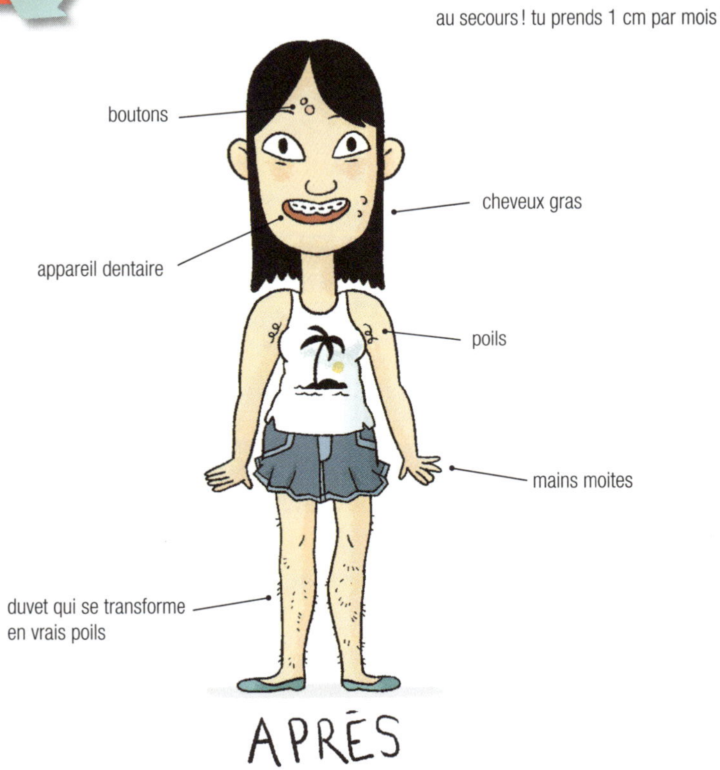

Eh oui, tu as des seins.

Ta voix est un peu plus grave.

Tu sais maintenant que les règles, ce n'est pas juste pour tracer des traits.

Tu essaies de ne plus t'habiller comme une fille de 5 ans.

GARÇON

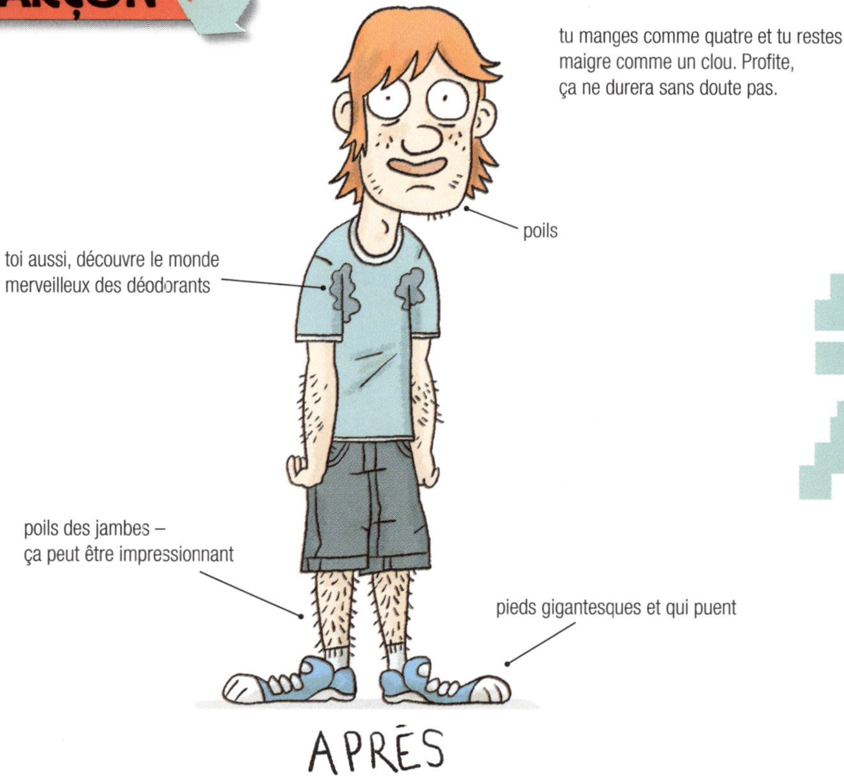

Argh ! C'est quoi ce début de moustache !?

Ta voix devient beaucoup plus grave. Mais pas du jour au lendemain, hein. Pour commencer, ça risque d'osciller pas mal entre le grave et le suraigu. Tout le monde va rigoler, sauf toi. On appelle ça la « mue ».

Tu es tout le temps fatigué et tu ne sais pas pourquoi. Bienvenue dans l'adolescence.

TEST

Pourrais-tu entrer en 5e direct ?

Ta lecture touche à sa fin. Normalement – et même s'il y a beaucoup de choses que tu ne pourras apprendre que sur place – tu sais maintenant tout ce qu'il y a à savoir sur la 6e.

Ce petit test devrait t'aider à vérifier que tu as lu cet *Anti-guide* correctement et que tu as retenu tout ce qu'il y avait à retenir.

La grosse différence avec le primaire ?

Ⓐ Tu n'as plus du tout besoin de travailler.

Ⓑ Tu es plus âgé.

Ⓒ Tu as plein de profs différents.

Un CPE, c'est :

Ⓐ Un cheeseburger poivrons / emmental.

Ⓑ Un type utile.

Ⓒ Un conseiller principal d'éducation.

En 6e, c'est mieux si...

Ⓐ Tu as ton propre appartement.

Ⓑ Tu n'oublies pas chaque jour tes affaires.

Ⓒ Tu commences à travailler vraiment tout seul.

- **Tu ne trouves pas la salle d'arts plastiques :**

  Ⓐ Bon. Ben, tu n'y vas pas, du coup.

  Ⓑ Tu prends la tête du Chat Potté dans *Shrek* : quelqu'un va t'aider.

  Ⓒ Tu demandes poliment à quelqu'un : un élève ou un prof.

- **Le truc à ne pas oublier à la cantine, c'est :**

  Ⓐ Ton hamster.

  Ⓑ Ton estomac.

  Ⓒ Ta carte de cantine.

- **Au collège, tu es autorisé à :**

  Ⓐ Faire atterrir un Airbus A360.

  Ⓑ Rester seul à la récré.

  Ⓒ Passer ton temps libre au CDI.

- **Oh non ! Ta meilleure copine de primaire est dans un autre collège !**

  Ⓐ Tu ne la verras plus jamais et c'est de sa faute.

  Ⓑ Tu écris des poèmes nostalgiques.

  Ⓒ Si c'est réellement ta meilleure copine, tu la verras encore. En dehors des heures de cours.

- **Si tu as un vrai problème, un vrai ami va :**

  Ⓐ Disparaître aussitôt.

  Ⓑ Prier pour toi.

  Ⓒ T'aider à trouver une solution.

→ Quand la puberté arrive :

Ⓐ Tu reçois une carte bancaire.

Ⓑ Tu dors jusqu'à midi tous les dimanches.

Ⓒ Les gens qui ne t'ont pas vu depuis deux ans en restent sans voix.

→ Tu arrives en cours de maths sans ton livre :

Ⓐ Tu voles celui de ton voisin. Même s'il y a son nom dessus.

Ⓑ Tu verras bien ce qui se passe si on te le demande.

Ⓒ Tu le dis au prof avant le début du cours.

→ La culture, c'est plutôt :

Ⓐ Pour les pandas.

Ⓑ Obligatoire, apparemment.

Ⓒ Une façon parmi d'autres de grandir.

→ « Hé, viens, on sèche le cours d'éducation musicale ! »

Ⓐ Trop bien. Et après on part en Martinique en planeur.

Ⓑ Ma maman ne serait pas d'accord.

Ⓒ Oh oui ! J'ai tellement envie d'avoir une heure de colle.

Tu as une majorité de A : Ne relis pas ce guide. Lis-le. Ce sera déjà super.

Tu as une majorité de B : OK, tu as déjà compris pas mal de choses. Maintenant, tu peux les mettre en application.

Tu as une majorité de C : Ouah ! Tu es vraiment un bon lecteur. Et si tu allais acheter d'autres bouquins ?

CONCLUSION

Salut,
Je vais entrer en 6e demain et pour tout vous avouer, je ne suis pas rassuré du tout par la lecture de votre anti-guide.
Si j'ai bien compris, je vais avoir plein de profs bizarres, je vais me taper des sales notes, j'aurai probablement du mal à me trouver de vrais amis, il va falloir que je me calme sérieusement avec la console et par-dessus le marché, la puberté me guette. En fait, la 6e, c'est l'enfer, c'est ça ?

un lecteur anonyme

Cher lecteur anonyme,

Tu souffres visiblement de ce qu'on appelle « le syndrome du jour J ». Autrement dit, tu vois les choses en noir parce que ce passage au collège ressemble à l'entrée dans un monde inconnu. Et l'inconnu, ce n'est jamais très rassurant.

On a toujours du mal à se préparer à quelque chose qu'on ne connaît pas – et ce n'est pas seulement valable pour toi : ça vaut pour tous les élèves.

Demain, tu vas entrer en 6e. Tu vas t'apercevoir que le changement n'est pas si important que ça. **Tu vas surtout te rendre compte que tu es parfaitement apte à le vivre.**

Des millions d'élèves sont passés par là avant toi. Et si tu interroges aujourd'hui un adulte sur le pire souvenir de sa jeunesse, il y a très, très peu de risques qu'il te réponde « l'entrée en 6e ».

Donc, ça va bien se passer. On en est tellement sûrs qu'au début, on voulait appeler ce livre comme ça : « Ça va bien se passer ». Mais notre chef a dit non. Ça fait longtemps qu'il n'a pas pris de vacances, c'est peut-être pour ça.

Bref.

Pour conclure, je crois que le Monstre de la cave et Maître Li voudraient te dire quelque chose. On a tous un Monstre de la cave et un Maître Li qui sommeillent en nous, tu ne crois pas ?

Salle n°106 ?! Attends, ça veut dire qu'il y a au moins 106 salles ?
Heu... C'est à l'envers, là. C'est pas 106 c'est 901...
QUOI ?!
Carnet de Liaison

INDEX

A

B

C

D

E

F

G

H

I

L

M

N

O

P

R

S

T

V

Fabrice Colin

Fabrice Colin est rentré en 6e en 1983. Depuis, il a grandi et écrit une trentaine de romans pour la jeunesse (*Projet oXatan, La Malédiction d'Old Haven*, *Les Étranges Sœurs Wilcox…*), des romans et des nouvelles pour les adultes et des scénarios de bandes dessinées.

Il est aussi l'auteur de *Enfin la 6e !* paru aux éditions Play Bac en juin 2014.

Il vit à Paris et s'est parfaitement remis du dessin de la page 49 de ce livre.

Marine Blandin

Marine Blandin dessinait déjà beaucoup en 6e (notamment sur les tables des salles de cours). Après avoir fait des études d'arts à Angoulême, elle commence à faire de la bande dessinée.

Son premier album, *Fables nautiques*, paraît en 2011 chez Delcourt. Elle travaille depuis sur *CO_2*, une bande dessinée sur la vie des plantes d'appartement, et *La Renarde* avec Sébastien Chrisostome, des histoires courtes racontant les aventures d'une malicieuse renarde.

Du même auteur :

Découvre le roman ENFIN LA 6e !

Tom et Sarah ont 11 ans et entrent en 6e au collège Ronsard cette année.

A priori, rien ne semble les rapprocher. Et pourtant leur amitié va se voir scellée par une cause commune...

Enfin un récit initiatique et émouvant sur la première année au collège !

NOUS TENONS À REMERCIER POUR LEUR CONTRIBUTION À CET OUVRAGE:
Ariane Chupin, professeur d'enseignement général de collège, ainsi que les élèves de 6e qui ont rédigé les messages qui figurent sur les rabats de couverture : Anouck, David, Églantine, Erkan, I. D., Ilakiya, L., Louis, Louise, Mahamadou, Manuel, Mariska, Mathilde, Mathis.

ISBN 978-2-8096-5366-3
Dépôt légal : juin 2015
Imprimé en Italie par LEGO sur des papiers issus de forêts gérées de manière responsable.

FSC www.fsc.org MIXTE Papier issu de sources responsables FSC® C023419

Loi n°49-956 du 16 juillet 1949 sur les publications destinées à la jeunesse.